金冲及文丛

第二条战线
—— 论解放战争时期的学生运动

金冲及 著

生活·讀書·新知 三联书店

Copyright © 2016 by SDX Joint Publishing Company.
All Rights Reserved.

本作品版权由生活·读书·新知三联书店所有。
未经许可，不得翻印。

图书在版编目（CIP）数据

第二条战线：论解放战争时期的学生运动／金冲及著．—北京：生活·读书·新知三联书店，2016.8　（2024.10重印）
（金冲及文丛）
ISBN 978-7-108-05588-0

Ⅰ.①第⋯　Ⅱ.①金⋯　Ⅲ.①学生运动－史料－中国－近代　Ⅳ.① D432.9

中国版本图书馆 CIP 数据核字（2015）第 259548 号

责任编辑	马　翀
装帧设计	蔡立国
责任印制	董　欢

出版发行　生活·讀書·新知三联书店
　　　　　（北京市东城区美术馆东街 22 号　100010）
网　　址　www.sdxjpc.com
经　　销　新华书店
印　　刷　河北松源印刷有限公司
版　　次　2016 年 8 月北京第 1 版
　　　　　2024 年 10 月北京第 4 次印刷
开　　本　635 毫米 × 965 毫米　1/16　印张 14.5
字　　数　120 千字
印　　数　14,001－17,000 册
定　　价　34.00 元
（印装查询：01064002715；邮购查询：01084010542）

前　言

　　第二条战线，是毛泽东1947年5月对国民党统治区学生运动的评价。为什么毛泽东会把它和人民解放军的作战列在一起而称为"第二条战线"？这种说法，在以前还不曾有过。

　　人心向背，历来是决定战争胜负的关键。那时，正处在全国解放战争大决战的前夜。但国民党当局仍控制着国内大多数地区，在民众中有着不小的影响。这年12月，毛泽东在陕北召开的中共中央扩大会议上有一段重要的讲话。他说："在政治方面，国民党区域的人心动向变了，蒋介石被孤立起来，广大人民群众站到了我们方面。孤立蒋介石的问题，过去在长时期内没有得到解决。土地革命战争时期，我们比较孤立。进入抗战时期，蒋介石逐渐失掉人心，我们逐渐得到人心，但问题仍没有根本解决，直到抗战胜利以后这一两年来，才解决了这个问题。"毛泽东把人心动向的这个根本变化，作为对全国形势变化的第一条来讲，可见它的重要。

人心动向这个根本变化，是多方面因素造成的。首先是中国共产党提出的纲领和主张切合人们的需要和愿望；解放区广泛开展的土地制度改革使农民真正感到自己翻了身，得到他们发自内心的拥戴；解放军在各战场取得的节节胜利，使人们预感到一场范围广泛的社会大变革行将到来，在思想上发生了深刻变化。这是第一位的因素。而席卷国民党统治区的学生运动也产生了不可忽视的巨大作用。

青年学生有着强烈的爱国热情和政治敏感性，人数众多，又同社会各阶层有着千丝万缕割不断的联系。他们在中国共产党领导下提出的"反饥饿、反内战、反迫害"的口号合情合理，一切社会同情都在学生方面。第二条战线的出现是人心大变动的结果，又进一步促进了这种变化。学生运动的声势日益扩大，聂荣臻曾这样说："这一斗争，迅速向全国各大城市发展，其规模超过了一二·九运动。"毛泽东在当时就断言："学生运动是整个人民运动的一部分。学生运动的高涨，不可避免地要促进整个人民运动的高涨。"

从这次运动的发展进程中还可以看到：中国共产党（特别是当时负责城市工作的周恩来）对这条战线的领导起着决定性的作用，在处理种种复杂问题时的深谋远虑和果断决策，充分显示出令人叹服的高度智慧。这是先人留给我们的珍贵精神遗产。

同这条战线的历史功绩和深刻内容相比，不能不说这方面的已有研究还很不够。作为它的亲历者，曾在这条战线上受到过终身难忘的教育，又作为一个史学工作者，我一直有一种愿望，希望能够在这方面多少做一点工作。但自己年事已高，余力有限。承三联书店的好意，把我最近和以前所写的几篇东西，集纳成一本小书，这算了却这一心愿，对读者也可能还有一点用处，这实在使我感激不尽。

书中附录了张渝民同志的一篇文章。他在抗日战争时期入党。新中国成立前担任过复旦大学地下党总支委员、中共苏州学生工作委员会书记、上海学生联合会主席，是我的老同学，也是党内的领导人。十一届三中全会后，又担任过中共福建省委秘书长、福建省人大常委会副主任。他看到了我去年在《南京大学学报》上发表的《论解放战争时期的第二条战线》那篇长文后写了一篇读后感，在《百年潮》上发表。发表时，题目用了《回忆解放前上海学生运动的一些情况》。遵照作者的意见，现仍恢复原来的题目，在此一并表示谢意。

金冲及

2015年3月

目　录

前　言　1

论解放战争时期的第二条战线　1
  中国学生的状况和特点　2
  第一阶段：准备和积累　12
  第二阶段：第二条战线的形成和发展　23
  第三阶段：迎接解放　48
  几个重要问题　56
  结语　72

席卷全国的反饥饿、反内战风暴　77

解放战争时期学生运动一页　139

暗号——是送你一本书　201

附录：回忆解放前上海学生运动的一些情况　张渝民　207

征引文献　218
  一、报刊征引文献　218
  二、图书等征引文献　220
  三、海外征引文献　224

论解放战争时期的第二条战线

中国人民解放事业中，除主战场以外，还有第二条战线，那就是国民党统治区的学生运动。

毛泽东在1947年5月30日所写的新华社评论中指出："中国境内已有了两条战线。蒋介石进犯军和人民解放军的战争，这是第一条战线。现在又出现了第二条战线，这就是伟大的正义的学生运动和蒋介石反动政府之间的尖锐斗争。"[1]把国民党统治区的学生运动和人民解放军的战争放在一起，称为"两条战线"，这是一个很高的评价。人们可能要问：中国近代的学生运动有着光荣的传统，一直起着先锋和桥梁作用。五四运动、一二·九运动都对中国的历史发展产生了重大影响，为什么毛泽东过去没有使用过"第二条战线"这个提法，而到此刻要谈"现在又出现了第二条战线"呢？

---

[1] 毛泽东：《毛泽东选集》第4卷，北京：人民出版社，1991年版，第1224、1225页。

这需要从两方面来说明：一是当时的特定历史条件，中国正处在国共两党进行大决战的前夜，中国人民解放军正取得一系列重大胜利，而学生运动的高涨在全国范围内直接影响着人心向背的变动。在这以前，并不具有那样的条件。对此，毛泽东同年2月1日在中共中央政治局扩大会议讲话时已经看到了。他说："革命高潮不可避免地要到来。这次革命的动力是两条战线，就是解放区和蒋管区的人民运动，而以解放区为主。"[1]二是这次学生运动那种前所未有的规模和影响。正如聂荣臻所说："这一斗争，迅速向全国各大城市发展，其规模超过了一二·九运动，标志着蒋管区人民斗争的新高涨。"[2]

中国学生的状况和特点

为什么这时的学生运动能起这样的作用？顾名思义，学生运动的主体是学生。因此，回答这个问题不能不从这时中国青年学生的状况和特点说起。

---

[1] 毛泽东：《毛泽东文集》第4卷，北京：人民出版社，1996年版，第220页。
[2] 聂荣臻：《战斗在第二条战线上》，中国人民政治协商会议北京市委员会文史资料研究委员会编：《北平地下党斗争史料》，北京：北京出版社，1988年版，第4页。

解放战争时期的中国青年学生和不少国家的同龄青年学生不同，有着在中国特定环境中形成的这样几个特点：

一，在半殖民地半封建社会的条件下，中国学生历来有着深重的爱国传统和强烈的民族意识。在刚刚过去的八年抗战中，他们和全国人民一起度过了苦难深重的岁月。抗战胜利后，他们曾经欢欣鼓舞地期待着和平建设新中国。凡是能够推动国家走向繁荣昌盛、民族复兴、人民过上安居乐业生活的事情，就能得到他们发自内心的支持和拥戴。与此相反，便会激起他们的愤怒和唾弃。蒋介石在抗战刚刚取得胜利的时刻，却不顾人们的强烈愿望，悍然发动内战。人民中间一切反对内战的呼声，不但不能有什么效果，反而遭到残酷的镇压。这不能不最终决定绝大多数青年学生的政治取向。不认识这一点，便无法理解中国的学生运动为什么在抗战胜利后才三个来月，就会那样快地汹涌发展起来。

1945年一二·一事件前夜，云南昆明32所大中学校学生在11月28日发表《告全国同胞书》，这样倾吐他们痛苦的心声："八年抗战刚刚结束，人民在饱受战争的惨痛之后，正渴望着和平，渴望祖国河山的重光，渴望着和久别的父兄姊妹相见，渴望着安居乐业。然而在华北、在华南、在长江南北、在白山黑水之间，到处是内战的枪声；而且，在重庆，在北平，已不断地召开过剿共军事会议，眼见得断瓦颓垣的收复区，又将饱经摧残，颠沛流离的同胞，又将重受苦难。凡我炎黄子孙，谁不痛心？谁不愤慨？是可忍孰不可忍？"[1]抗战胜利后的学生运动从这里起步，绝不是偶然的。

二，经过八年战乱（许多人经历过从沦陷区到大后方的流浪生活），绝大多数学生的生活是清贫的。在高等学校里，相当数量的学生依靠公费生活，而在物价飞涨的情况下，公费经常不能保障他们的最低生活需要。拿北京大学来说，"1947年发给一个学生的公费是十四万四千元，而一个月的伙食费已飞涨到十七万元，这样，学生的伙食就由吃饭改为吃棒子面的丝糕，每天只能吃白水煮青菜"。[2]许多学校只有等到月底，用该月结余的钱吃一点肉，叫作"打牙祭"；饭是用配给米做的，还没有进食堂，一股霉味就扑鼻而来，还吃不饱。大学生对毕业后的工作和生活更感到茫然。"毕业即失业"成为学生们经常挂在口头的流行语，

---

[1] 中共云南省委党史资料征集委员会、中共云南师范大学委员会编：《一二·一运动》（中国共产党历史资料丛书），北京：中共党史资料出版社，1988年版，第82页。

[2] 萧松、马旬、宋柏：《沸腾的沙滩》，中国人民政治协商会议北京市委员会文史资料研究委员会编：《北平地下党斗争史料》，北京：北京出版社，1988年版，第556页。

构成他们精神上的沉重威胁。

这种清贫而艰难的生活，使大多数学生痛恨国民党政府因打内战而导致恶性通货膨胀、物价飞涨和经济凋敝，也痛恨那些不顾老百姓死活、恣意搜刮、"发国难财"的豪门资本。"向炮口要饭吃"的响亮口号，就是这样提出来的。《一百块钱钞票没人要》《你，你，你，你这个坏东西》等成为到处传唱的流行歌曲。

到1948年实行所谓币制改革、改用金圆券后，物价更像脱缰的野马一样，商品价格一天要调换几次。金圆券的发行额到1949年5月竟达到1948年8月初发行时的12.49万倍，中间相隔只有10个月时间，这也许是现在的年轻人难以想象的。这次币制改革失败时，商店中的物价一天内要涨几次，人们像潮水一样冲进商店，只要把手中还在不断贬值的纸币花掉，什么东西都抢着买。商店中的货架上越来越没有什么商品可卖。最可怕的是无米可买，人们无法活下去，许多城市中出现大规模的抢米风潮。国民党统治区整个社会经济已陷入不可收拾的总崩溃状态。这时，越来越多的青年学生考虑的已不只是对当前局势和一些具体社会问题该怎样看待，而是迫切地向往着这种社会能得到根本的改变，建立起一个新的国家，开创一片新的天地。在校园里流传得更广的歌曲是《山那边呀好地方》，它的含义大家是明白的。

需要补充说明的是,前面说绝大多数学生生活清贫是他们积极投身进步学生运动的重要原因,但并不是说当时学生运动的积极分子都是生活清贫的。还有一部分学生的家庭经济条件比一般居民要好一些。由于中国学生中的强烈爱国传统,由于国民党政府的专制腐败太不得人心,由于一些思想纯洁的年轻人有着强烈的正义感,也有相当多出身上层家庭的学生如傅作义的女儿傅冬菊,陈布雷的女儿陈琏、女婿袁永熙,张自忠的女儿张廉云等都成为中共地下党员,这样的例子是不少的。

三,青年学生有着较高的文化水平,求知心强,在高等学校中尤其如此。他们大多在大城市求学,见闻多,思想活跃,比一般人更容易接受新思想和新知识。当面对无数使他们困惑、痛苦或者感到彷徨的社会现实问题时,他们会如饥似渴地找各种新书来读,寻求问题的答案。不少学生还组织各种读书会,对共同学习的书逐章逐节地进行讨论,交换学习心得,成为进步同学中相当普遍的组织形式。鲁迅、邹韬奋的著作在青年学生中的影响大极了。抗战胜利初,中国共产党所办的报纸、杂志还可以公开发行,但不久就被封禁了,这以后,生活书店、读书出版社、新知书店出版的哲学社会科学书籍,如艾思奇的《大众哲学》、胡绳的

《辩证法唯物论入门》、华岗的《社会发展史纲》、范文澜的《中国通史简编》、薛暮桥的《经济学》、许涤新的《现代中国经济教程》等，在学生中拥有大量读者。文艺方面如郭沫若、茅盾、巴金的作品，苏联的《钢铁是怎样炼成的》和《青年近卫军》等，对青年学生也产生重大影响。"据南京中（央）大（学）及上海复旦同学报告，复员来的同学订报的，《文汇报》超过半数。""据暨（南）大（学）调查，该校同学有过半数的是半年来到上海后受民主报刊的影响而进步的。"[1]在进步学生中，还秘密流传着油印的或经伪装的毛泽东著作，如《中国革命和中国共产党》《新民主主义论》等都是油印的。我在1948年第一次读到铅印的《在延安文艺座谈会上的讲话》，封面上是叶圣陶著《文章讲话》。这些读书活动，使许多学生对问题从感性认识提高到理性认识，逐步接受了马克思列宁主义基本理论和中国共产党的基本主张。这是单从群众运动热烈场面中学不到的。

四，中国共产党在青年学生中有着长时期的影响和工作基础，并且一步一步取得领导地位。抗战中期（特别是

---

[1]《上海反美爱国运动的报告》（1947年1月15日），周恩来2月4日指示附件，共青团中央青运史工作指导委员会、中国青少年研究中心、中央档案馆利用部编：《中国青年运动历史资料》第17册，北京：中国青年出版社，2002年版，第49、50页。

皖南事变后），在国民党政府严厉镇压、进步青年活动异常困难的险恶环境中，中共中央对国民党统治区工作确定了"隐蔽精干，长期埋伏，积蓄力量，以待时机"的十六字方针。"中共中央南方局书记周恩来同志根据党中央的指示精神，结合国民党统治区的具体情况，号召进步青年'勤学、勤业、勤交友'。要大家转变作风。"[1]这样做的结果，党组织隐蔽精干得以保存下来。就是在日本军队占领的沦陷区，党组织不但顽强地坚持着，并且得到发展。以上海为例："到抗日战争胜利结束时，学委系统在上海工作的党员有七百三十余名。"[2]他们团结、培养了大批积极分子，建立起不少工作阵地，为解放战争时期学生运动储备了力量，准备了骨干，积累了经验。

前面所说的是事情的主流方面，但不是它的全部，否则学生运动的发展就不需要经历一个从小到大的复杂艰苦的过程而变得很容易了。事情还有其他的方面。

当抗战胜利时，大后方青年学生的思想状况和原沦陷区的学生有相当大的差别。原沦陷区长期处在日本侵略者

---

[1] 吴佩纶：《建立据点》，重庆现代革命史资料丛书编委会编：《回忆南方局》，重庆：重庆出版社，1983年版，第125页。

[2] 中共上海市委党史资料征集委员会主编：《抗日战争时期上海学生运动史》（中共上海党史资料丛书），上海：上海翻译出版公司，1991年版，第133、134页。

统治下，现在国土重光，许多人称为"天亮了"，把国民党政府视为"正统"而寄以巨大希望。中国的国际地位得到提高，被称为"四大国"之一，更使许多人感到兴奋。可是，政府的接收大员贪婪地搜刮金子、车子、房子、女子、票子的"五子登科"，很快使社会上人人为之侧目，把它称为"劫收"。国民党政府军令部部长徐永昌在胜利不久的日记里写道："平津近有谣谚曰：'天天盼中央，中央来了更遭殃'之语。"[1]陈诚在回忆录中也写道："可怜八年浴血抗战的结果，最后却带来了一场'胜利灾难'。这些话听起来当然使人扫兴，然而却不能不承认这是眼睁睁的事实。"[2]尽管如此，在抗战胜利后一段不长时间内，原沦陷区的学生对国民党政府的认识，仍没有来自内地的学生那么深切。

不管是原沦陷区的还是来自内地的学生群，本身情况也很复杂：由于环境的影响，许多学生在政治上显得早熟，关心国事，积极参加爱国民主运动；但也有不少学生认为只有读书才是自己的正业，学好本事才能在社会上立足，不很关心政治，彼此很少联系，或者只作为运动的同情者，很少参加实际活动；还有少数家境较富裕的公子哥儿，追求的只是

---

[1] 徐永昌：《徐永昌日记》第8册（手稿本），台北："中研院"近代史研究所，1990年影印，第197页。

[2] 陈诚：《陈诚先生回忆录——抗日战争》（上），台北："国史馆"，2004年，第224页。

比较舒适的物质生活,甚至除上课外很少留在学校里,对学生运动既不参加,也不反对。后两类学生最初在学校里处于多数,在政治上处于中间状态,有许多团结教育工作要做。

中共中央上海局书记刘晓在运动初期这样分析:"群众在高潮前夜的特点是从极度不满现状开始,都想寻找出路,想改变现状,但斗争决心是不平衡的;正统思想已开始动摇但还未完全抛弃;到处寻找出路,但苦无所得至。在这一时期我们的任务是坚决起来领导,广泛号召,从行动中增加他们的斗争勇气,逐渐坚定其决心,并指出正确出路,冲破某些已经久牢的传统思想。我们愈坚决,他们就愈坚决,因为这时群众基本上是倾向革命转变。"[1]这个分析和提出的任务是冷静的、切合实际的。

抗战胜利后初期,三青团在学校里还有一定的影响。在有些学校,他们把持了学生自治会;暑期中举办夏令营等,争取中间同学;在一些公开场合,出面反对进步学生发动的爱国民主运动。但它存在严重的弱点:"一、由于国民党的腐败、贪污、无力、特务活动,在青年中相当普遍的不满。二、由于国民党的阶级性所限,对人民的基本利

---

[1]《刘晓关于目前学生爱国运动情况向建国请示》(1947年1月26日),共青团中央青运史工作指导委员会、中国青少年研究中心、中央档案馆利用部编:《中国青年运动历史资料》第17册,北京:中国青年出版社,2002年版,第33页。

益不可能得到解决。三、由于三青团法西斯特务性，在青年群众中的威信日益降低，将来庞大的财政无处支给，内部矛盾必将日益增加，团员中的分化必将产生和加剧。"[1]他们的影响正越来越小，到1948年后已近偃旗息鼓。

学校里还有一批特务学生，不仅刺探进步学生的活动，带领军警抓人，还在学校里大打出手，制造血腥暴行。复旦大学有个特务学生但家瑞，在重庆时曾因打了主持公道的洪深教授一记耳光，引起教授们公愤而罢教，校方将他开除后，又转到上海暨南大学，平时常挂着手枪在学生宿舍中巡查。我在1948年1月1日的日记中记录了当时暨南大学法律系一年级同学叶锦镛的一段亲身经历："下午，锦镛来了，似乎更胖了一些。一进门就摆着手说：'阿呀，这次寒衣运动（注：指当时同济大学发起的劝募寒衣运动），我几乎把命送掉。'原来在寒衣运动发动时，青云路宿舍中就发起，校方马上支持，于是就转移到二青（注：指三青团和青年军复员学生联谊会）手中，锦镛担任了联络部副部长，正部长及另一位副部长均为彼方人士。于是我们的英雄但家瑞先生有一次就请锦镛到一间小房间中，里面已有了十几个

---

[1]《青年运动的方针策略及组织问题》(1946年4月)，共青团中央青运史工作指导委员会、中国青少年研究中心、中央档案馆利用部编：《中国青年运动历史资料》第16册，北京：中国青年出版社，2002年版，第409页。

人，但（家瑞）拿出手枪来，叫他跪下，历数他的'罪状'说：'你不打听打听我姓但的是什么人？暨南大学里有你的天下？我现在一记耳光上来，要你落四个牙齿，你就不准落两个。我两个手指就可以夹死你，知道吗？以后青云路有什么事就找你负责！'锦镛当然只好一切答应。"[1]

国民党政府的军警更是一直虎视眈眈地注视着一些进步学生运动活跃的高等学校，一有风吹草动，就把马队、铁甲车停到学校门口。国民党政府设立了特种刑事法庭等，多次对进步学生进行大规模逮捕。上海在1947年5月到1949年4月，全市大规模的大逮捕就达四次。

解放战争时期的中国学生运动，就是在这样的环境和条件下一步一步发展起来的。

第一阶段：准备和积累

时任中共地下党上海市学委副书记的吴学谦1948年12月在一篇总结中写道："由于长期敌伪统治与反动宣传教育的影响，上海学生的政治觉悟是很不平衡的。他们中的许多人对美蒋抱有幻想。两年来的学运虽然发展了大批进步

---

[1] 金冲及：《解放战争时期学生运动一页》，《中共党史资料》2003年第3、4期。

力量，扩大了党的影响，但是进步学生在数量上还是少数，大多数群众还处于中间落后状态。在国立大学与私立大学、大学与中学、国民党控制的学校与开明派掌权的学校之间，群众的政治觉悟程度，相对来说还有一定差距。因此领导上海学生前进，必须照顾大多数学生的政治觉悟程度，照顾不平衡性、复杂性，照顾我们的主观力量强弱的不平衡，照顾我们的干部缺乏政治斗争经验。"[1]他所说的是上海学生的情况，其实在全国有着相当大的代表性，只是它的条件比其他许多地方还要好得多。

因此，解放战争时期全国学生运动的发展表现出明显的阶段性，大体经历了三个阶段：第一阶段，学生运动高潮的准备和积累，那是从抗日战争胜利到内战全面爆发前夜那段时间；第二阶段，第二条战线的形成和发展，那是从全面内战爆发到三大决战的前夜；第三阶段，迎接解放，那是从三大战略决战到全国解放。

先看第一阶段。

抗战胜利的时刻，广大青年学生想得最多、期待最强烈的事情是和平合作建设新中国。共产党这时提出了和平、

---

[1] 吴学谦：《当前上海学运中几个问题的总结》，中共北京市委党史研究室：《解放战争时期第二条战线·学生运动卷》（下册），北京：中共党史出版社，1997年版，第37页。

民主、团结三大口号,力求"造成两党合作(加上民主同盟等)、和平发展的新阶段"。[1]蒋介石却准备重燃战火,倚仗美国装备的优势武力消灭共产党,这自然引起全国人民包括青年学生的反对,这种反对的情绪十分强烈。

抗战期间迁到云南的西南联合大学(由北大、清华、南开三校组成,有两千多学生),一向被称为"民主堡垒"。学生们面对严重的内战危机,群情激愤,就是中间分子同样有强烈的民主要求,赞成反对内战、反对独裁。当时蒋介石刚以军事政变方式逼迫云南省政府主席龙云去职。国民党军队还以查户口等为名,搜捕进步人士。云南的政治空气十分紧张。中共云南省工委书记郑伯克和西南联大党支部负责人交换意见,认为:"鉴于云南目前局势险恶严峻,既要响应中央号召,又应因地制宜,客观环境既不利,只能争取合法地开个时事晚会。"他们"决定召开一次以反内战为内容的时事讲演会,请几位敌人不太注目的教授讲授,发表一个通电,以此来促进反内战运动"。[2]

这时,西南联大15个学生团体联名要求联大学生自治会通电反对内战。联大党支部抓住时机,经在联大学生

---

[1]毛泽东:《毛泽东选集》第4卷,北京:人民出版社,1991年版,第1153页。
[2]郑伯克:《白区工作的回顾与探讨》,北京:中共党史出版社,1997年版,第256页。

自治会中的党员提议，由联大、云大、中法、英专四所大学学生自治会于25日召开一次时事座谈会，请老国民党员钱端升和伍启元、民主同盟的潘大逵和费孝通四位教授讲演。

国民党当局却对大学中的这种和平讲演会也如临大敌，出动军队围困和破坏。著名学者闻一多教授写道："在教授们的演讲声中，会场四周，企图威胁到会群众和扰乱会场秩序的机关枪、冲锋枪、小钢炮一齐响了。"第二天，被激怒的昆明各校学生宣布罢课。27日，国民党云南省政府代理主席李宗黄召集各中学校长开会，"强迫各中学自次日起，完全复课，并宣称如教员不复课则开除教员，学生不复课则开除学生"。[1]各校没有屈服，仍继续罢课。12月1日，震惊全国的血腥镇压发生了。大批国民党特务和身着制服、佩戴符号的军人，携带武器，分别闯入西南联大、云南大学，并且投掷手榴弹，杀死四人（其中有共产党员于再、潘琰两人），重伤11人（其中有共产党员缪祥烈）。人们不能不想：他们只是反对内战，有什么罪？为什么要置之于死地？闻一多继续写道："从这天起，在整整一个月内，作为四烈

---

[1]《国民党区青运材料特辑》（1946年1月18日），共青团中央青运史工作指导委员会、中国青少年研究中心、中央档案馆利用部编：《中国青年运动历史资料》第16册，北京：中国青年出版社，2002年版，第297页。

士灵堂的联大图书馆，几乎每日都挤满了成千上万扶老携幼的致敬的市民，有的甚至从近郊数十里外赶来朝拜烈士们的遗骸。"[1]

一二·一惨案，发生在离抗日战争胜利只有三个来月的时间，发生在西南联大这样的最高学府，自然强烈地震动了全国。在重庆，由郭沫若、沈钧儒、史良等主持，召开追悼大会，到会的约三千人，群情激愤。在光复不久的上海，举行大规模的悼念活动本来是有困难的。中共上海市学委得知于再烈士的妹妹打算在上海玉佛寺做一次佛事，祭奠她的哥哥。在征得家属同意后，在玉佛寺举行公祭。"公祭是以家属于庾梅名义公开祭奠，群众闻讯自行前往吊唁、追悼的方式进行。""这次公祭采取民间传统的在寺庙祭奠的形式，使国民党政府一时不够警觉，也难以阻挠。"当天，一万多吊唁群众从四面八方涌入玉佛寺，其中三分之二是学生。马叙伦教授宣读祭文："呜呼先生：不死于抗战胜利之前，而死于抗战胜利之后。……呼呼先生，机关枪、手榴弹，不用以杀敌人，而用以杀同胞，杀志士，杀青年。……我们得民主一日，即不忘先生一日。"祭奠时唱起圣约翰大

---

[1] 闻一多：《"一二·一"运动始末记》，中共云南省委党史资料征集委员会、中共云南师范大学委员会编：《"一二·一"运动》（中国共产党历史资料丛书），北京：中共党史资料出版社，1988年版，第48、50页。

学学生党员创作的挽歌:"安息吧死难的同学,别再为祖国担忧,你们的血照亮了路,我们会继续前进。"悲哀沉痛而又催人奋进的歌声,打动了多少人的心!吊唁结束后举行声势很大的游行,穿过全市中心区,直到外滩。"'祭于'揭开了上海人民爱国民主运动新的一页。"[1]群众声援活动一时席卷全国。

一二·一运动的影响是巨大的。当时的一份材料写道:"罢课是因为反对内战而起的,当局镇压这一运动,无异说明他们在发动内战。""罢课当中政府以武力压迫,这就用事实说明了这是怎样的政府。"[2]

蒋介石却在一二·一事件发生后几天在日记中写道:"应作不得已时解散西南联大之一切准备。该校思想复杂,秩序紊乱,已为共匪反动派把持,不可救药矣。自由主义误国害学之罪甚于共匪,为不可宥也。"[3]但他在这件事上太输理,社会各方面的反应如此强烈,蒋介石一时仍不敢那样出手,只得宣布将云南警备司令关麟征"停职议处",在政治上处于十分被动的地位。

---

[1]朱良:《亲历1946年上海反内战学运高潮》,《档案春秋》2013年第3期。
[2]《国民党区青运材料特辑》,共青团中央青运史工作指导委员会、中国青少年研究中心、中央档案馆利用部编:《中国青年运动历史资料》第16册,北京:中国青年出版社,2002年版,第305、306页。
[3]蒋介石日记(手稿本),1945年12月7日,现藏美国斯坦福大学胡佛研究所。

1946年5月,国民党政府还都南京,国共谈判的中心也移到南京、上海。全面内战危机已迫在眉睫,国内人心焦急异常。原沦陷区"群众情绪,已由狂热庆祝欢迎国军转为失望不满"。[1]由于大后方不少民主人士陆续来到上海,上海的进步力量有明显加强。当时主持上海地下党工作的刘晓回忆:"我们根据中央关于'不要提出过左的口号和行动'的指示,决定通过上海人民团体联合会和上海学生争取和平联合会发动群众,推选代表,组成'上海人民和平请愿团'赴南京请愿,并立即动员组织广大群众欢送代表和举行游行示威,以造成广泛的群众运动声势,扩大影响。"[2]经过各方面反复协商,组成由前代理教育部长马叙伦教授为团长的上海人民和平请愿团,团员中有银行家、企业家、大学教授和两名学生代表。

6月23日,上海各界五万多人到火车站为代表团送行。人们没有想到的是,当天火车到达南京下关车站时,早就等候在那里的大群自称"难民"的暴徒一拥而上,对请愿代表

---

[1]《华中分局关于上海学运现况报告》(1946年3月2日),共青团中央青运史工作指导委员会、中国青少年研究中心、中央档案馆利用部编:《中国青年运动历史资料》第16册,北京:中国青年出版社,2002年版,第383页。

[2]刘晓:《关于"六·二三"上海人民和平请愿运动的一些回顾》,中共江苏省委党史工作委员会编:《中共中央南京局》(中国共产党历史资料丛书),北京:中共党史出版社,1990年版,第381、382、383页。

包围毒打,马叙伦等四人身负重伤。雷洁琼教授的头发也被扯下,血流满面。她写道:"这次殴打显然是有组织的,否则宪兵警察为什么对殴打的暴徒完全采取了纵容的态度。"[1]这是一个明白的信号,表明蒋介石发动全面内战的决心已经下定,大规模军事进攻很快就要开始,不可能改变了。

但是,这次请愿活动仍有着重大意义。李维汉回忆道:"这次上海和平请愿运动和'下关惨案',是大革命以来上海的乃至全国的第一次声势浩大的群众运动,影响极大,深刻地教育了广大人民。因为在沦陷八年以后,人们渴望和平,有些人对蒋介石假和平的手法认识不清,仍有幻想。通过这次事件,由蒋介石这个反面教员自己教育了人民,打破了人们对他的幻想,特别是对中间阶级的人们,有着重大的教育作用。"[2]

争取和平民主,是这个阶段国民党统治区学生运动的中心内容。此外,原沦陷区学生的反"甄审"运动,对提高原沦陷区学生的政治认识也有重要作用。

1945年9月,国民党政府颁布了《收复区中等以上学校学生甄审办法》,规定:"收复区敌伪专科以上学校肄业

---

[1] 雷洁琼:《下关被殴》,《周报》第44期,1946年7月。
[2] 李维汉:《回忆与研究》(下),北京:中共党史资料出版社,1986年版,第643页。

生，经登记甄审合格后，由教育部按其甄审成绩编定相当年级，发给转学证明书，分发相当学校肄业。""甄试科目以国文、英文、三民主义为共同必试科目，其余参照大学或专科学校科目表由部规定颁发。"对中等学校也作了相应的规定。[1]

这个"甄审办法"的颁布，对正在兴高采烈地欢呼国土重光的原沦陷区学生，无异当头倒下一桶凉水。他们不仅觉得受到无理对待，更觉得受到极大侮辱。一个学生自救会发表的《为反对不合理措施告青年书》激动地写道："熬过了八年的岁月，青年们哪一个没有捍卫祖国的热血和锄奸杀敌的决心呢？现在中国胜利了，我们又投入渴盼了八年的祖国的怀抱里。然而政府对我们陌生了，他对于敌人和汉奸们可以采用宽大的政策，敌人的武器可以不予解除，特务、宪兵仍然用来摧残我们的同胞，对于青年却反而无所不用其极地加以戕害。政府把我们沦陷在水火之中，经过了八年的浩漫岁月……我们绝没有想到政府竟然把敌伪二字从真正的敌人和卖国屠民的汉奸、特务们的头上摘下，罩在我们青年身上，用不合理的甄审把戏斫丧青年，用解

---

[1] 北京市档案馆编：《解放战争时期北平学生运动》，北京：光明日报出版社，1991年版，第18、19页。

散的手段来摧残教育,使青年们陷于失学的苦境……我们要质问政府,为什么对于侵略我们、屠杀我们的帮凶汉奸们可以宽容,对于无辜的青年们却无所不用其极地加以戕害!"[1]在上海,学生们喊出"人民无伪,学生无伪""反对歧视""反对思想训练"等口号,从"陈情说理"到"走向社会、诉诸人民",产生了巨大的影响。

运动很快蔓延到天津、南京、青岛等城市,历时八个月,参加的有十万多人,政府被迫节节后退,最后不了了之。这场斗争,是原沦陷区学生对国民党幻想开始破灭的重要起点,客观上削弱了他们中原来存在的正统思想,降低了国民党在他们中的政治影响。

共产党的组织在这个时期也有了发展。上海学生系统的党员人数从抗战胜利时的七百多人,增加到1946年6月下旬的近两千人。[2]党的战斗力有了很大的加强,同学生、群众建立起密切的联系。

这些就是解放战争时期国民党统治区学生运动第一阶段的主要情况。

---

[1] 张大中:《我经历的北平地下党》,北京:中共党史出版社,2009年版,第165、166页。
[2] 中共上海市委党史资料征集委员会主编:《解放战争时期上海学生运动史》,上海:上海翻译出版公司,1995年版,第78页。

为什么把它称为第一阶段？第一，全面内战还没有爆发，对中国人民来说，还没有以打倒美国支持下的国民党政府为目标。第二，抗战初期迁往内地的北大、清华、燕京、南开、中大、复旦、交通、同济、浙大等高等学校，在一二·一运动告一段落后，忙于复员迁回沿海的北平、天津、南京、上海等地原址，这在当时的条件下是一项十分繁重而需要花费大量时间和精力的工作，单在交通运输极为不便的路上就历时一个月，直到1946年秋季开学才大体安顿下来。这以后，学生运动的中心便从西南转移到平津和宁沪杭地区。第三，原沦陷区的学生对国民党政府虽已积累了很多具体不满，但政治认识还有待提高，这需要有个过程。第四，受共产党影响的进步学生数量虽在不断扩大，但更多的学生在政治上仍处于中间状态。他们的态度容易发生摇摆，在运动高潮时，出于正义感，往往也能投入，但时间一长便会离开运动，剩下积极分子孤军奋斗，难于持续深入。第五，党组织对领导这样大规模的学生运动，特别是处理新历史条件下遇到的复杂的新问题，还缺乏足够经验，需要在实际斗争中摸索前进。因此，这还只是解放战争时期学生运动的准备和积累阶段，是一个过渡期。但这个阶段是重要的：如果没有第一阶段的准备和积累，也难以有第二阶段和第三阶段的到来。

第二阶段：第二条战线的形成和发展

蒋介石要发动全面内战来消灭共产党的决心，其实早已定了。抗战一胜利，他就决心用武力消灭共产党，认为一切优势都在他手中。时任广州行辕主任的张发奎说："蒋先生自相矛盾。他一面同中共谈判，一面秘密下令高级军官剿共。换言之，他谈判与剿共同时并举，那就是为什么马歇尔对他发怒且责备他不诚实。"[1]

全面内战的爆发已不可避免。1947年6月，国民党军队开始大举进攻中原解放区，发动全面内战。11月，国民党军队攻占华北解放区的首府张家口，蒋介石在日记中写道："政府与共匪之成败，实决于此也。"[2] 当天下午，蒋介石悍然单方面宣布国民大会在下个月举行。事情发展到如此地步，国共和平谈判彻底破裂。19日，周恩来率领中共代表团结束历时10年的谈判，返回延安。代表团成员李维汉在当天日记中写道："国共谈判破裂了，但我党满载人心归去。"[3]

---

[1] 张发奎：《蒋介石与我》，香港：文化艺术出版社，2008年，第427、428页。
[2] 蒋介石日记（手稿本），1946年11月12日，"上星期反省录"，现藏美国斯坦福大学胡佛研究所。
[3] 李维汉：《回忆与研究》（下），北京：中共党史资料出版社，1986年版，第652页。

这个阶段是第二条战线形成和发展的阶段。在不到两年的时间内，接连出现三次高潮：抗议美军暴行运动；反饥饿、反内战、反迫害运动；反美扶日运动。这三次高潮环环紧扣，迅猛推进，形成波澜壮阔的第二条战线，并为迎接全国解放做了重要准备。

一、抗议美军暴行运动

首先冲破国民党统治区黑暗沉闷空气的，是1946年12月底从北平开始、随即席卷全国的抗议美军暴行的学生爱国运动。那时，美国有大量军队驻扎在中国，其中海军陆战队有五万至六万人。这个运动，以北平学生抗议驻华美国海军陆战队士兵两人在闹市区东单操场的小树林里强奸北京大学先修班女生沈崇为起点。它的规模比一二·一运动大得多，并且迅速在全国范围内激起极大的愤怒和抗议浪潮。

为什么抗战胜利后不久，这个运动就会以那样的声势席卷全国？因为这个问题正触及亿万中国人心灵深处最为敏感的痛处。中华民族在一个多世纪以来受尽了外国列强的欺凌和侮辱。经过八年浴血抗战，终于打败长期骑在中国人头上作威作福的日本侵略者以后，每个中国人都觉得扬眉吐气，可以抬起头来做人了。人们最无法忍受的，是重新看到外国列强又以征服者的姿态，无视中国的主权，无视中华民族的尊严和利益，在中国土地上任意杀害和侮辱中国的同胞。

那时，正值抗战期间内迁各校远途迁回原处不久，燕京大学在5月间完成从四川成都迁回北平，清华大学和北京大学在9月间完成从云南昆明迁回北平，学生运动才刚刚开始恢复。

沈崇事件的消息一传开，各校学生的情绪立刻沸腾起来。《观察》的北平特约通信写道："看到了这一种消息，每个北大的同学都咬牙切齿，气愤万分，随即墙壁上贴满了红的绿的抗议宣言。同时，灰楼有女同学的哭声，有些是愤慨，有些是恐惧，她们说：'我们是来自天南地北的女孩子，没有亲戚，没有友人，美军是这样的暴行，我们是这样的没有保障。谁能担保同样的侮辱不会落在我们的头上？'""当天的晚上，无论在西斋、三院、红楼与灰楼，每个人都抛下了书本，讨论着有关抗议工作的事项，有的并发动了签名，种种激昂的言论与行动，写出了暴风雨前夕的情景。"[1]

第二天上午，北大女同学召开全体大会，议决十项抗议办法，大会主席是地下党员刘俊英。下午，举行各系级

---

[1] 本刊特约记者：《北平学生示威记》，《观察》第1卷第24期，1947年2月8日。

代表大会，决定成立北京大学学生抗议美军暴行筹备会，并联合北平各大中学举行罢课游行。大会发出告全国同学书，悲愤地责问："为什么经过八年抗战赢得了主权、独立、领土完整的中华民国，如今她的善良的人民仍旧受到外国人的压迫呢？""如今美国代替了日本来迫害我们，来侮辱我们，我们能忍受吗？"[1]

当时北平中共地下党的组织分为南系和北系，南系是原在西南联大的地下党组织，由袁永熙、王汉斌负责；北系是原在北平的地下党组织，学委负责人有佘涤清、张大中等。清华的地下党员人数比较多，北系和南系加在一起共有五十多人。燕京大学的南北两系共有党员约四五十人，占学生总数的6%左右。北大的南系党员有十多名，还有民主青年同盟盟员五十多人；北系在文、理、法学院有地下党员三十多人，农学院有党员三十多人，工学院、医学院、先修班还有一些党员。由于复员迁校的缘故，两个系统还没有来得及合并，南系先后由南方局、上海局领导，北系先后由晋察冀分局和华北局领导，但双方负责人个人间已取得联系，互通消息，协同作战。据佘涤清回忆："我们共

---

[1] 中共北京市委党史研究室编：《抗议美军驻华暴行运动资料汇编》，北京：北京大学出版社，1989年版，第135页。

同认为,美国政府支持蒋介石打内战,美国兵在中国土地上为非作歹,激起了中国人民的民族义愤,时机对我们非常有利,地下党应当放手发动群众,作出反应,给美蒋以打击。""北大抗议运动最好由女同学出面,因为她们先搞更容易获得同情;清华的进步力量占优势,又有全校统一的学生自治会,因此,应由清华的这个公开合法的组织,多出面约各校串联,多做些工作。"[1]

张大中回忆道:"当时我在燕京大学还没有接到北平学委关于游行的指示,但是我亲身感受到群众情绪激昂,迫切要求行动。我立即找饶毓菩、戚天众(注:燕京大学地下党支部委员)等同志商量。我们认为,群众的情绪正在汇集成一股不可阻挡的怒潮,我们必须顺应这个潮流,坚决支持,积极引导。于是决定分头通知地下党员团结更多同学积极参加这次抗暴游行。我又去通知清华的孙仲鸣动员同学参加游行。"[2]

12月28日,清华大学学生自治会召开全校代表大会,决议第二天罢课一天。29日晚上,传来国民党特务打砸北

---

[1] 佘涤清:《中国革命史册上的光辉一页》,中国人民政治协商会议北京市委员会文史资料研究委员会编:《北平地下党斗争史料》,北京:北京出版社,1988年版,第274、275页。

[2] 张大中:《我经历的北平地下党》,北京:中共党史出版社,2009年版,第204页。

大抗暴筹委会的消息，校园里的愤激情绪更加高涨。30日清晨，清华、燕京两校学生自治会举行联席会议，决定当天联合进城游行，并且通知了北京大学。12月30日北平各大中学校抗议美军暴行的示威游行便是这样开始的，参加游行的共一万多人。沿途高呼："严惩肇事美军""美军立即撤出中国"等口号。自从1935年一二·九运动以来，北平市民还没有见过如此热烈的场面。

这个运动迅速扩展到全国。从12月30日到第二年1月10日，运动扩及14个省、26个城市，其中有18个城市罢课游行，人数达到50万人以上，运动规模之大是抗战胜利后的第一次。学生运动得到社会各界的支持。北京大学48位教授也在报纸上公开发表致美国驻华大使司徒雷登的抗议信。

蒋介石不但没有对学生的义愤表示同情和支持，反而在12月29日的日记中写道："美军在北平强奸女学生案，共党乃藉此发生罢课风潮，且将移至各地，殊为可虑，应急设法弥补之。"31日的日记更写道："因美军奸淫，共匪激起各地学潮，研究敉平办法，以致晚课静默卅分以上之工夫间断。"[1]他所说的"研究敉平办法"，不消说，就是研究如何镇压的办法。但美军的暴行，实在已激起天怒人怨。

---

[1] 蒋介石日记（手稿本），1946年12月29日、31日，现藏美国斯坦福大学胡佛研究所。

国民党当局内部也意见不一。"据说在31日他们的会议中，有的人主张对游行硬加镇压，有的人反对，认为在宪法公布之日弄出流血惨案来，并非好事。""这是一个以爱国为主题的极其有理的运动，使统治者不便公开镇压，而只能阴谋破坏，这也是使这一运动的发展有利的地方。"[1]

中共中央在几天后接连发出三个指示。其中，1947年1月5日给各中央局等电写道："在这一运动中，群众已对美蒋采取攻势，标志着全国性的革命高潮确已接近。"在1月6日给留在国统区的董必武、叶剑英的电报中，指出这次运动的意义："此次平津京沪学生的反美示威，成绩甚好，影响甚大。蒋介石在各校罢课结束后，始发出禁止罢课的命令，同时，也更揭露他的独裁卖国行为。美帝国主义者虽万分恼怒，但对示威群众仍不得不竭力避免冲突，而民族工商业家及自由主义教授，则一致同情这一运动。可见民主爱国运动的基础正日益扩大，与解放区自卫战争的胜利已渐能起着配合作用，而美蒋的统治则日趋孤立，其政策则更加反动。今后在民族主义口号下的民主爱国运动，

---

[1]《上海反美爱国运动的报告》(1947年1月15日)，周恩来2月4日指示附件，共青团中央青运史工作指导委员会、中国青少年研究中心、中央档案馆利用部编:《中国青年运动历史资料》第17册，北京：中国青年出版社，2002年版，第44、48页。

定会继长增高，层出不穷。"这份电报还有一个重要的叮嘱："在这次运动中已产生大批新的积极分子，我党应帮助这些积极分子组织起来，作为核心，才能使运动长期坚持下去。"[1]这些，都是切合实际情况的重要指导思想。在新的历史条件下，国民党统治区学生运动又将掀起新的高潮了。

相隔没几天，中共中央在2月1日召开的政治局扩大会议上，通过毛泽东起草的党内指示《迎接中国革命的新高潮》，指出："目前各方面情况显示，中国时局将要发展到一个新的阶段。这个新的阶段，即是全国范围的反帝反封建斗争发展到新的人民大革命的阶段，现在是它的前夜。"指示在谈了军事形势已向有利于人民的方向发展后，接着就指出："同时，蒋介石区域的伟大的人民运动发展起来了。""在北平开始的学生运动，已向全国各大城市发展，参加人数达数十万，超过'一二·九'抗日学生运动的规模。"周恩来在会上所做的报告，把国民党统治区的人民运动，特别是学生运动，称为"第二战场"。他指出："这个运动是配合自卫战争最有力的运动。"他要求：在国统区内要提出为生存而斗争、联结到政治口号的发展。这是切合实

---

[1]《中共中央青年运动文件选编》，北京：中国青年出版社，1988年版，第641、643、644页。

际情况的重要指导思想。

在新的历史条件下,国民党统治区学生运动进入了新的发展阶段。

二、反饥饿、反内战、反迫害运动

蒋介石面对军事失利和后方危机重重的情况,在他的统治区内采取的对策,只有加强镇压,并赶走中共代表团人员。2月28日,周恩来为中共中央起草的内部指示说明:在目前更加险恶的局势下一定要讲究斗争策略和把力量组织好,"在斗争中要联系到、有时要转移到经济斗争上去,才能动员更广大群众参加,而且易于取得合法形式。有了经济斗争的广大基础,也易于联系到反特务反内战的斗争上去。"[1]这个提醒十分必要,是符合当时国民党统治区学生思想动向和学生运动实际情况的,也指明了下一步国民党统治区学生运动的正确方向。

1947年上半年,军事战线上,对国民党当局震动最大的是5月16日华东野战军在山东孟良崮全歼国民党精锐主力整编七十四师。这不是一般的胜利,新华社在社评中指

---

[1]《周恩来选集》编委会:《周恩来选集》(上卷),北京:人民出版社,1997年版,第269页。

出它的特殊意义:"第一,这是打击了蒋介石今天最强大的和几乎唯一的进攻方向;第二,这是打击了蒋介石的最精锐部队(四五个精锐之一个);第三,这个打击是出现在全解放区全面反攻的前夜。"[1]蒋介石向军官训练团讲话时,把这次失败称为"我军剿匪以来最可痛心、最可惋惜的一件事",并且说:"大家如果再不大彻大悟,急起直追,不但革命事业无法完成,而且我们剿匪军事,恐将陷于最后的失败,整个为共产党所消灭。"[2]

第二条战线,是同作为主战场的第一条战线密切配合、相互促进的。就在孟良崮战役结束后四天,比抗议美军暴行运动在规模和影响上都更大的反饥饿、反内战运动便在全国范围内爆发了。

这场运动的直接原因是:随着内战的扩大,随着国民党统治区内各种社会矛盾的激化,特别是恶性通货膨胀和物价猛涨,国民党统治区人民已挣扎在饥饿线上。1946年的物价已比上一年增长四倍。进入1947年后,通货膨胀更加剧烈。上海《大公报》在这年年初的一篇时评中写道:

---

[1]《新华社评论集(1945—1950)》,北京:新华通讯社,1960年7月编印,第162页。
[2]《蒋介石思想言论总集》卷22,台北:中国国民党中央委员会党史委员会,1984年,第120、125页。

"无数青年学生,破衣两袭,旧被一套,两餐白水菜汤半碗,咸菜一碟,窝头三个,随时对着学校催缴学杂费的牌告发愁,这生活真够困苦了。"[1]5月初,上海《时与文》一篇文章对非同寻常的"四月涨势"写道:"物价上涨的趋势,本来是曲线型的、波浪式的;然而通货恶性膨胀愈到后来,必定是曲线越来越短,最后甚至没有间歇,变成一直线的上升,只要看四月间米、面粉、生油、纱布等各种日用品都一致上升了百分之五十至八十,就可推测今后涨势的严重。"[2]在上海、南京、杭州、成都、无锡、苏州等地都发生饥民将米店哄抢一空的事件。"5月初,西安西北大学及安庆安徽大学学生为饥饿所迫,竟到面粉公司米店抢面抢米。"[3]这种情况下,学校中教师还能安心教学、学生还能安心读书吗?

人们把注意力集中到饥饿问题时,自然会进一步思考:这一切是怎样造成的?答案不难找到:这是国民党发动全面内战带来的。饥饿的根源在于内战,反饥饿必须反内战。这就毫不奇怪:许多学校的学生集会上,经过反复讨论,

---

[1]《今日学生的烦闷》(社评),《大公报》1947年1月6日。
[2]张西超:《经济前途还能乐观吗》,《时与文》第9期,1947年5月9日。
[3]《一年来国统区城市运动概述》(1948年1月),共青团中央青运史工作指导委员会、中国青少年研究中心、中央档案馆利用部编:《中国青年运动历史资料》第17册,北京:中国青年出版社,2002年版,第583页。

大家同意在反饥饿的同时要提出反内战的要求。

　　本来，在国共谈判完全破裂、国民党军队侵占延安和临沂并在国民党统治区内加紧镇压活动的情况下，学生运动的处境看起来十分险恶和艰难。处于秘密状态的中共中央上海局书记刘晓却敏锐地觉察学生群众中出现的新动向，4月28日给中共中央的报告中，提出它比抗暴有更大的社会基础，并且判断5月可能是这一高潮的开始。报告说："这一高潮不像抗暴带突然性，而是在开始形态，是此起彼伏、连绵不绝的生活斗争，是生活斗争与政治斗争相互协通到一定时机又汇合成为全面性的政治斗争，我们在思想上组织上策略上都是为着准备组织与领导这一新的高潮，把蒋管区民主运动向前推进一步。"[1]

　　刘晓回忆道："根据以上的分析和中央指示精神，上海局决定采取以下方针，即从生活斗争下手，进行突破并使之不断发展，逐步和政治斗争相结合。我们认为，解决生活问题是广大群众的迫切要求，提出符合群众切身利益的口号，发动群众进行合法的生活斗争，可以抓住敌人的弱点，成为全面开展运动的突破口。同时，在运动的部署上，我们决定，在此起彼伏的分散斗争中，要集中力量，组织

---

[1] 中共上海市委党史资料征集委员会编：《解放战争时期的中共中央上海局》，上海：学林出版社，1989年版，第365页。

几个中心运动,作为整个运动的主流。此外,我们还准备推动上层分子的组织,大胆地分开活动,多做宣传和号召,以配合和支持群众的斗争。"[1]

反饥饿、反内战运动的高潮,首先在国民党政府的首都南京掀起。时任中共南京市委书记的陈修良回忆道:"1947年4月间,中央有指示给上海局,要求进一步发动学生运动。于是上海局通知我迅速回沪,讨论南京的学生运动。""上海局书记刘晓同志问我:南京有没有力量发动学生运动?我汇报了南京的情况以后,大家认为有条件在国民党首都发动一次大规模的反饥饿、反内战的群众运动。为什么要在南京先发动呢?因为它是'首都',政治影响比上海大。随后还决定南京与沪、平、津、杭的各大城市学生联合起来进行斗争。"[2]

这个运动最初喊出的口号是"抢救教育危机",并且有一个重要特点:由大学教授先采取行动。那时候,随着内战扩大,军费日增,教育经费已如江河日下。4月26日,南京的中央大学教授会召开紧急会议,要求比照物价指数

---

[1] 刘晓:《1947年"反饥饿、反内战、反迫害"的五二〇运动》,《刘晓纪念文集》编辑组编:《肃霜天晓——刘晓纪念文集》,北京:中共党史出版社,2008年版,第278页。

[2] 陈修良:《陈修良文集》,上海:上海社会科学出版社,1999年版,第205页。

发给薪水和提高教育经费,并推出13名教授为代表向教育部请愿。5月1日,上海《文汇报》报道:"由中大刘庆云、吴世昌、贺昌群等十二位教授所发起之联合各校向教部要求解决目前教育工作者生活问题事,已进展至实际行动阶段,教授会顷发表宣言并推派代表前往有关部门请愿。"[1] 5月6日,因请愿毫无结果,召开全校教授大会,到会的有一百多人,要求政府改革政治、经济、教育,改善教职员工生活待遇。12日,中大教授会为了扩大影响,召开了中外记者招待会。教授们的态度是比较温和的,但老师们的这种悲惨处境和不平常行动自然给了学生不小刺激。学生生活状况也正急遽恶化。1946年12月规定的大学公费生的副食费2.4万元,本来太低,到1947年5月上旬一直没有变动,而在这期间食品价格已上涨4.3倍。中央大学校方鉴于学生伙食确实已经差到不能再差的地步,决定采取临时措施,从5月4日起将公费生伙食标准皆按4万元计算,但政府拒不同意。于是,压抑已久的愤怒终于大爆发了。

5月12日,中央大学学生举行代表大会,决定从第二天起罢课,并派出代表向政府请愿,仍毫无结果。南京其他高等学校随着相继罢课。17日,成立南京区大专院校争取

---

[1]《文汇报》(上海),1947年5月1日。

公费待遇联合会，决定在20日国民参政会开幕那一天组织请愿，并向全国九大城市的大学发出电报，要求一致行动。

反饥饿、反内战运动此时在全国范围内也已猛烈展开。清华大学、北京大学学生宣布分别从17日和19日起罢课三天，并派出上千人上街宣传。南开大学、北洋大学宣布从18日起罢课三天。上海和杭州各大学也相继罢课，并决定派代表到南京参加对国民参政会的请愿。

面对日益高涨的学生抗议浪潮，国民党政府采取的对策仍是严厉镇压。蒋介石在5月18日为此发表书面谈话进行威胁道："如长此放任，不但学风败坏，法纪荡然，势必使教育青年之教育机关，成为毁法乱纪的策源地。国家何贵有如此之学校，亦何惜于如此恣肆暴戾之青年。为保障整个国家之生命，与全体青年之前途，将不能不采取断然之处置。"[1]

这无异于对愤怒的学生火上添油，舆论顿时哗然。20日清晨，南京学生五千多人和上一天从上海、杭州、苏州赶来的学生代表，高举"挽救教育危机联合大游行"的横幅，向国民参政会前进。学生们"拿着旗子，上写'我们要饭吃'、'我们饿得不能上课'……有一面旗子上画着一只空饭

---

[1]《蒋介石思想言论总集》卷38，台北：中国国民党中央委员会党史委员会，1984年，第230页。

碗，写着一个大大的'饿'字"。[1]到达珠江路时，道路已被军警封锁。《观察》南京通信报道："经珠江路，大队学生已冒着水龙冲过去，剩下两三百中（央）大（学）学生未走完。拿着粗棍铁尺的警察突然地打散了队伍。先是用粗棍横打，后来是劈头下来，一面打，一面捉。学生完全是无抵抗的。被打在地下的女生则站上去用脚踢和蹬，打伤的依旧捉进去。"[2]冲出去的学生，被骑警、宪兵、警察包围在国府路。双方对峙达六小时，下午下起倾盆大雨，学生仍屹立不动。后来，在国民参政会秘书长邵力子调解下，学生仍沿原路线行进后返校。五二〇运动便是因5月20日这个日子而得名。

同一天，北平大专学校学生七千多人，高举"华北学生北平区反饥饿反内战"的横幅，在市区游行。走在队伍前列的是清华大学退伍军人学生，大约三百人，"该大队队员衣从军时之美式戎装，头戴钢盔，护卫于校名横额左右"。[3]他们行进时高呼"抗战军人只打日本，抗战军人不

---

[1]《一年半来国统区城市运动概述》，共青团中央青运史工作指导委员会、中国青少年研究中心、中央档案馆利用部编：《中国青年运动历史资料》第17册，北京：中国青年出版社，2002年版，第584页。

[2]《南京"五·二〇"惨案的前因后果》，《观察》第2卷第14期，1947年5月31日。

[3]《平津学生反内战反饥饿运动的初步调查材料》（1947年5月17日—24日），共青团中央青运史工作指导委员会、中国青少年研究中心、中央档案馆利用部编：《中国青年运动历史资料》第17册，北京：中国青年出版社，2002年版，第167页。

打内战"，十分引人注目。下午6时半行进到当时位于沙滩的北京大学结束。天津的南开大学、北洋大学等校学生一千四百多人分两路游行，也遇到警察和便衣暴徒用短棍、皮带、砖头等殴击，造成九人重伤、二十三人被捕。

五二〇事件发生后，政府的暴行极大地激怒了更多的学生。学生斗争的口号中又增加了"反迫害"的内容。拿上海来说，21日成立上海学生抗议五二〇惨案后援会。从第二天起到24日，罢课的大中学校增加到八十多所。那么多中学生积极投入到运动中来，是以前不曾有过的。许多原来在政治上处于中间状态的学生，出于正义感，也积极投身到运动中来。运动的规模和声势都大大超过年初的抗议美军暴行运动。

国民党政府完全没有想到在它的后方会出现如此广泛的群众抗议运动。他们的对策只有一条，就是继续加强高压。在上海，警备司令部勒令《文汇报》《新民晚报》《联合晚报》三家同情学生运动的报纸停刊。武装军警包围封锁各大学校园，有些大学门口开来铁甲车或架起机枪恐吓学生。军警闯入校园搜捕学生，先后被捕的学生有两百多人。特务在校园内制造一起起血案，把它称为"互殴"。最令人震惊的是6月1日凌晨3时武装军警一千多人突然冲入武汉大学校园搜捕学生，开枪扫射，投掷手榴弹，杀死学生三人。武汉大学教授发表宣言说:"根据医生对死者的伤口检查,所使用的枪弹竟还是国际战争中禁用的达姆弹。"[1]

运动以极快的速度从个别要求发展成共同要求,从局部发展到全国,从自发的生活斗争发展成政治运动,揭开了中国学生运动史上新的一页。

学生的反饥饿、反内战、反迫害运动,博得社会各界的热烈同情。5月28日,平津教授费孝通、吴晗、陈岱孙、金岳霖、邓之诚、俞平伯、黎锦熙、陈序经、卞之琳等585人发表宣言,指出一切学潮、工潮的根源都起于经济危机,而经济危机又是长期内战的恶果。同一天,黄炎培在日记中记录著名女教育家吴贻芳教授向蒋介石"述特警凶暴殴学生状。蒋愤斥说:'是我叫他们打的,他们是自卫,否则学生打他们了。'"[2]31日,南京的警备司令部派人到中央大学,拿着四十人的名单,称前来逮捕,被校长吴有训、训导长刘庆云拒绝。同天《中大新闻》载:"当'五·二〇'血案发生时,吴校长听见学生被打,就昏厥了。并且为学生受到无情的刺激,以致卧病不起。'他不想吃,不想喝,成天睡不着,做五千人的家长实在痛苦呀!'吴太太含着

---

[1]《新五月史话》,上海:上海市学生联合会,1947年6月编印,第4、5页。
[2]黄炎培:《黄炎培日记》第9卷,北京:华文出版社,2008年版,第286页。

眼泪说：'自从他接事以来就没有一刻快乐。'""每天都有教授和同学去拜访慰问。他有一次在同学退出后，对在座的客人说：'学生个个身强力壮，志向远大，勇于面对现实，但现实偏这样腐败、混乱，叫他们怎能不愤慨，怎能不激动呢？'"[1]

国民党统治区的工人运动、城市贫民斗争和抢米风潮，农村的抗粮抗税抗抽丁等，也在各地区风起云涌地展开。各民主党派和无党派民主人士，积极参加到爱国民主运动中来。国民党政府已陷入众叛亲离、空前孤立的境地。

毛泽东在这年5月30日为新华社所写的评论中这样写道："学生运动的高潮，不可避免地要促进整个人民运动的高潮。""和全民为敌的蒋介石政府，现在已经发现它自己处在全民的包围中，无论在军事战线上，或者是在政治战线上，蒋介石政府都打了败仗，都已被它所宣布为敌人的力量所包围，并且想不出逃脱的方法。"[2]

三、反美扶日运动

学生运动以如此规模和激烈程度猛烈展开，是蒋介石

---

[1] 中共北京市委党史研究室：《解放战争时期第二条战线·学生运动卷》（中册），北京：中共党史出版社，1997年版，第280页。
[2] 毛泽东：《毛泽东选集》第4卷，北京：人民出版社，1991年版，第1224、1225页。

和国民党当局没有想到的。他们的对策没有别的,依然是严厉镇压。蒋介石在 5 月 23 日的日记中写道:"共匪操纵学潮,自由分子之教授对政府维持社会秩序、取缔学潮之命令反表示不满。一面经济危急,物价高涨,人心不安,更影响前方将士之心理。"在 24 日的日记中又写道:"此时若不下决心,用快刀斩乱麻手段,则因循延误,更难挽救,故决先肃清后方之共党,安定社会,则图军事之进步也。"[1]

他们对学生运动中的积极分子进行大规模逮捕和开除学籍,不少人被迫离校,复旦大学等学生自治会因理事绝大部分被捕或被迫离校而停止活动,学生运动由高潮转入暂时低落。他们还解聘许多同情学生运动的教授,如洪深;免去一批教授的院长、系主任职务,如张志让、周谷城;还有教授被捕的,如北京大学哲学系的金克木。中共上海局在 6 月 17 日向中央的请示报告中,对学校暑假开始后的情况写道:"由于在敌人进攻下,我之主观力量受到相当打击(上海被捕八十余人内,党员四十人,重庆损失更大,大都被捕了),群众恐怖情绪逐渐增加而分散(交大在校只有二分之一,复旦仅有五分之二,暨大、同济也只有三分

---

[1] 蒋介石日记(手稿本),1947 年 5 月 23 日、24 日,现藏美国斯坦福大学胡佛研究所。

之一），群众疲劳（前后相持一个月），教授已开始分化，不能在今天方式上坚持。"[1]

但经过反饥饿、反内战、反迫害运动的洗礼后，国民党统治区学生群众的思想面貌已经发生深刻变化，燃烧起来的怒火已不可扑灭。与这次运动前不同，新学年开学后，学生运动在方式上虽时有变化，但已变成不间断地向前发展。这是和此前相比不同的特点。这个特点，刘晓在5月31日给中央的报告时已经清醒地看到。他写道："日前斗争是将连续不断，一直发展到高潮。只有斗争形势改变，而无有斗争的停顿。为着既能发展而又能滋集力量，我们使斗争预定是：此起彼伏，不同形态，车轮战式（即学生运动暂时休息，职工斗争又起；职工休息，学生又起），并充分利用矛盾来发展，使在每个斗争中，有主流，有细流，既分开，又配合，以经济为主，但又联系政治，使之不断提高。"[2]

新学年开学不久，又发生了浙江大学学生自治会主席于子三被军警秘密逮捕并在监狱中杀害的事件。10月30日，

---

[1] 中共上海市委党史资料征集委员会编：《解放战争时期的中共中央上海局》，上海：学林出版社，1989年版，第376页。

[2] 共青团中央青运史工作指导委员会、中国青少年研究中心、中央档案馆利用部编：《中国青年运动历史资料》第17册，北京：中国青年出版社，2002年版，第220页。

浙江大学学生两千多人举行控诉大会,决定罢课三天。第二天,浙江教授会和讲师助教会宣布罢教。浙大校长竺可桢也强烈支持学生,并亲赴南京向各界人士介绍惨案发生经过。这个事件得到全国学生的声援。北平、天津、上海、南京、武汉、重庆、昆明、西安、台北等二十多个城市和十五万人以上大中学生参加了抗议的罢课、集会、追悼等活动。

这以后,学生运动便以"此起彼伏"的形式不间断地向前发展。上海学联的《一年来学运总结》中作了概括的叙述:"于子三事件以后,上海学生爱国民主运动走向新的高潮。在严冬的12月当政府企图用'冬令救济'来欺骗掩饰它的寒冷政策时,上海学生早就认识了它的面目,首先依靠自己力量发动了救饥救寒运动,提出了知识分子走出校门面向社会的新任务。因此,这个运动标志了学生和社会结合的新阶段,从一部分学生走向社会发展到三万学生走向社会。上海学生于实际行动中表现了它为国家为人民的无限热忱。作为1947年上海学生光荣地结束的是两万五千人九龙事件大游行,和英勇保卫学生自治会及自己领袖的同济事件。在前一个斗争中,再一次揭穿了政府假反英的阴谋,使它变成为真正群众性的反英美帝国主义的爱国运动,并且把它与政府的卖国政策恰当地联合起来,提出了打倒奴才外交、打倒卖国政府的口号。上海学生以这个实际行动来纪念抗暴运动一周年。""在后一个斗争中，为了保卫我们自己的民主组织，反对教育部非法修改自治会法，为了保卫自己的领袖反对当局的非法摧残迫害，同济学生与全市各校代表与八千军警英勇地坚持了流血斗争。"[1]

进入1948年，中国人民解放军已开展全面战略进攻，解放了大片土地和一些重要城市。解放战争的节节胜利，鼓舞着国民党统治区人民，激励着第二条战线上的青年学生。

这年3月，华北学联组织了一次平津学生大联欢活动。这次活动引起国民党当局的恐慌，公开宣布取缔华北学联。北平学生在4月初举行了"保卫华北学联"的抗争，得到社会各界的支持，举行了三天的罢课、罢教、罢工、罢诊、罢研、罢职的"六罢"斗争。

"4月9日凌晨，在国民党市党部的直接指挥下，一群特务打手跳墙闯入北京师范大学，他们脸上涂着油彩，用铁棍、木棒袭击正在睡觉的同学，捣毁学生自治会办公室，抢掠财物，打伤数十名同学，并非法逮捕了八名同学，制造了骇人听闻的'四九惨案'。师大八名同学从校内拖出，扔在大卡车上，除赵学勤一人穿着衣服，其他七人都只穿

---

[1] 共青团中央青运史工作指导委员会、中国青少年研究中心、中央档案馆利用部编:《中国青年运动历史资料》第17册，北京：中国青年出版社，2002年版，第626、627页。

了一条裤衩，遍体鳞伤。特务用石灰涂在他们脸上，以免他们辨认方向，然后把他们关进北新桥附近一处特务机关里。"[1] 天刚亮，北师大学生自治会就召开全体同学紧急大会，并同其他学校联系。燕京、清华、北大等校同学立刻集合赶到北京行辕请愿。当夜，师大被捕同学获释。

这些都汇成连绵不断的冲击波。

到 5 月、6 月间，又在全国范围内掀起反对美国扶植日本运动的高潮。

这时，美国在远东实行扶植日本的政策。离抗日战争胜利只有两年多，这件事最能刺痛饱受日本军国主义者侵略奴役痛苦的中国人的心，提出"反美扶日"有着最广泛的社会基础。这次运动还有一个特点，就是采取了更加丰富多样的活动形式来教育群众。

中共上海局《反对美国扶植日本运动的简报》写道："美帝公开提出'扶日复兴'后，我即提出'反美扶日'与'拯救新民族危机'口号。首先集中宣传与统整各方力量，策动此运动。到 5 月初在我直接间接布置下，公开发表反美扶日文章近三百篇，并组织几次上层分子座谈会，与发表了一篇一百余人签名的宣言，继之在下层群众中亦开始广

---

[1] 张大中：《我经历的北平地下党》，北京：中共党史出版社，2009 年版，第 278 页。

泛讨论动员。至此'反美扶日'问题渐成蒋区严重问题，各地上层分子也相继发表宣言，学生也随而行动。"[1]

5月4日，上海全市一百二十多所大中学校一万五千学生在交通大学举行营火晚会，请国际问题专家孟宪章教授演讲。他以大量资料揭露美国扶植日本的事实。会上宣布成立上海市学生反对美国扶植日本、挽救民族危机联合会。各大中学校学生纷纷征集签名，举办讲座、进行座谈、出版壁报、举办展览会、演唱《黄河大合唱》等抗日歌曲，还深入街道里弄进行宣传。6月5日，举行反美扶日大游行。国民党当局调集大批军警，特别是出动马队，严密包围交大、复旦、同济、中华工商等校，阻拦学生游行队伍走出学校，但仍有其他学校学生五千多人到外滩集合示威，又有不少学生被捕。

反美扶日运动很快发展到全国。南京各校学生5月21日在中央大学举行五二〇血案周年纪念大会。提出"反美扶日、反卖国、反迫害"的口号。30日，平、津、唐12所大专院校与沈阳来平学生三千人，在北京大学举行反对美国扶植日本、纪念五卅大会，发表宣言，游行示威。6月8日，广州中山大学学生千余人召开反美扶日座谈会。17日，昆明近

---

[1] 共青团中央青运史工作指导委员会、中国青少年研究中心、中央档案馆利用部编:《中国青年运动历史资料》第18册，北京：中国青年出版社，2002年版，第200页。

万名学生举行反美扶日大会,宣布罢课一天,举行示威游行。

反美扶日运动,成为继抗议美军暴行和反饥饿、反内战、反迫害运动后又一次学生运动高潮。

反美扶日运动后,学校开始放暑假。而在北平,又发生七五惨案。那时,国民党政府将东北几所大专院校迁到北平。5月、6月间,近两万名东北学生陆续到达北平。北平市参议会却通过决议,要求停发东北各国立学校的经费及学生公费,并把"不合格"学生"拨入军队服兵役"。7月5日,五千名东北学生到北平参议会请愿,要求撤销决议案,毫无结果。愤怒的学生捣毁北平参议会并包围议长住宅。军警开枪镇压,打死、打伤五十多人。惨案发生后,在北平的东北和华北学生一万多人在7月9日到北平行辕请愿,并举行示威游行。

这时,全国的形势将发生根本的变化,辽沈、淮海、平津三大战略决战正在酝酿中,国民党在大陆统治的时间已经不长了,正陷入越来越混乱的局面中。

第三阶段:迎接解放

1948年9月,中共中央在西柏坡召开政治局会议。这是中共中央在撤出延安后的第一次政治局会议,是新中国诞生前一次重要的决策会议。这次会议着重研究了将要建立的新中国应该是怎样一个国家，对未来的新中国初步勾画出一个大致的轮廓。

对国民党统治区的工作，会议作出很高的评价，指出："党在国民党区域的工作，有了很大的成绩，这表现在各大城市中争取了广大的工人、学生、教员、教授、文化人、市民和民族资本家站在我党方面，抗拒了国民党的压迫，使国民党完全陷于孤立。"[1]

蒋介石面对江河日下的局势，对国民党统治区的群众更加严厉地镇压。他在这年5月28日的日记中写道："自被选（注：指被选为'总统'）以来，共匪在我后方社会中对我污蔑诋毁以及各种手段讽刺嗤笑，无所不用其极，而以各大学中之职业学生鼓励煽惑学生群众为更恶毒。左派共匪外围之报章且常以袁世凯与崇祯之末运相比拟。而本党党员又自相冲突，毫不觉悟，演成一盘散沙，将为他人俎上之肉犹不警觉，此而不亡，其惟天佑之力，否则决不能挽救也。"6月20日日记写道："所谓知识阶级者，又被共匪宣传以反对美国扶助日本相号召，乃以反美为反对政府之张本。人民之愚弱，学者之糊涂，政客之鼓荡，

---

[1] 毛泽东：《毛泽东选集》第4卷，北京：人民出版社，1991年版，第1344页。

奸商之作恶，加之美国之侮华，兼此数者更足以张共匪之势焰，而陷国家于危殆也。忧心忡忡，不知所怀。"8月1日的"本月大事预定表"中有两条："五，颁布肃清后方共匪办法之命令；六，肃清各大学之潜匪及职业反动学生。"[1]蒋介石要更狠地下手了。

8月17日，行政院发出"清除间谍、安定后方"的政令，禁止"罢课游行、聚众请愿、扰乱治安、或文字鼓动或口头煽惑"等一切活动，"对参加罢课游行、聚众请愿的重要之现行犯，应捕送特种刑事法庭，依法处理"。[2]从8月19日起，由特种刑事法庭发出拘捕、传讯进步学生的名单，北平、上海、南京等地的军警纷纷出动，根据名单到各校逮捕学生。国民党统治区各大中城市，进一步陷入严重的恐怖中。

在8月的大逮捕中，由于上海的地下党组织事先得到情报，在国民党当局准备逮捕的358人中，只被捕去学生92人（其中党员20人），而在短短两三月中将一千多名比较暴露的师生撤退到山东、皖西、浙东等解放区。平津也将上了搜捕名单的学生撤退到华北解放区，国民党当局在

---

[1] 蒋介石日记（手稿本），1947年5月28日、6月20日、7月14日、8月1日"本月大事预定表"，现藏美国斯坦福大学胡佛研究所。

[2]《行政院电令》（1948年8月17日），中国第二历史档案馆藏。转引自郑洸主编：《中国青年运动六十年》，北京：中国青年出版社，1992年版，第339页。

平津拘传的学生名单共250人,被捕69人。只有少数地区仍采取比较激烈的斗争手段,遭受一定损失。

根据解放战争将要在全国取得胜利和国民党政府将对学生进行更残酷镇压这两方面的情况,周恩来在8月为中共中央起草指示,经毛泽东修改后发出。指示及时指出:"我党在国民党统治区的目前工作,必须有清醒的头脑和灵活的策略,必须依靠广大群众而不要犯冒险主义的错误。"指示冷静地说明:"在国民党统治的城市,单独进行工人、市民的武装起义,肯定地说,一般地是不可能的。故城市的工人、学生及一切人民斗争的发展,在国民党反动武装力量尚能控制的地方,是有其一定限度的。超过这个限度,就是说要提出或接近于提出打倒蒋介石、推翻国民党反动政权的口号,采取或准备采取武装斗争的直接行动,都是不许可的,都有使少数先锋队脱离广大群众,遭受严重摧残与招致一时失败的危险。"指示最后写道:"无论反动派如何疯狂镇压,只要我党能有清醒的头脑,灵活的策略,并坚决依靠广大群众,而不犯冒险主义的错误,我们是一定能够对付反动派的进攻,保持并发展自己的阵地的。"[1]

---

[1]《周恩来选集》编委会:《周恩来选集》(上卷),北京:人民出版社,1997年版,第310、311、312页。

这是在整个局势将要发生根本变化的时刻，要求国民党统治区学生运动的指导方针有一个大的转变。它提出得那样及时，讲得那么鲜明，使第二条战线的斗争不因胜利在望而过于冲动地犯冒险主义的错误，而能适应新的情况及时调整部署，善始善终地取得圆满成功。

国民党统治区的地下党组织，认真贯彻中共中央的指示，在继续疏散已很暴露的学生的同时，努力营救被捕学生；对学生群众加强形势和党的政策的宣传教育，组织多种形式的生活自救。党的组织作了调整。在大批党员撤离后，又发展了一批新党员。以上海地区为例（包括杭州、苏州），秋季开学时，学生系统的党员减少到800人，到这年年底，又增加到1200人。

中共上海局和上海市委确定学生运动的指导思想是："以巩固力量、重点发展、训练干部为主""除客观形势有特别变动外，一般不采取大规模斗争形式"，在斗争方法上实行"先求广泛，后求提高""不僵持，不冻结""利用矛盾""推波助澜"等原则。[1]在实际工作中，不追求表面上的轰轰烈烈，而把群众性的教育和组织工作做得更深、更细、

---

[1] 中共上海市委党史资料征集委员会主编：《解放战争时期上海学生运动史》，上海：上海翻译出版公司，1995年版，第166页。

更扎实。

10月,中共上海局总结一年来的工作并分析当前形势的特点,提出:"我们党在敌人疯狂凶暴时避免正面作战,暂避锋芒,但必须抓紧当时各种弱点,迂回侧面分散作战,来达到动员群众、酝酿群众斗争情绪,整编与发展主观力量。……在最近数月中,应把工作重心放在组织的整理与加强上面。"[1]

客观形势发展得非常快。辽沈、淮海、平津三大战略决战相继展开,到1949年1月取得完全胜利。国民党政府在大陆的统治确定无疑地已踏入最后崩溃的阶段。

这时,北平、天津已经解放。国统区学生运动的任务开始转为迎接解放。

这时,中国共产党在国民党统治区学生中已经积累起很大的力量。1949年4月8日,刘长胜为上海局起草《解放军渡江和我们的工作》的指示,兴奋地写道:"我们将从地下的党,转变为领导人民建设新社会的公开的党。因此目前正是我们发挥多年来由点滴积累起来的力量、考验我

---

[1] 中共上海市委党史资料征集委员会主编:《解放战争时期的中共中央上海局》,上海:学林出版社,1989年版,第398、406页。

们历经斗争锻炼的队伍的时机。"[1] 时任中共上海市学委副书记的吴学谦写道:"到上海解放前夜,党的学生工作已经有了强大的基础;在全市主要大中学校中建立了党的支部,在大多数学校的学生会中确立了进步力量的优势,党的外围组织上海学联成为各校学生会的指挥中心。"[2]

他们在解放前夜主要做的工作是:

一、大量吸收新党员,发展党的组织。经过长期的斗争锻炼和组织考察,在各大中学校学生中已经积累起一大批对共产党有正确认识并经过严峻考验的积极分子。党组织本着积极慎重的原则,发展他们中的先进分子入党。到解放前夕,上海学校系统的地下党员已有两千人左右,如复旦大学党员总数达到199人,交通大学增加到180多人,同济大学增加到140多人,圣约翰大学增加到100多人,沪新中学有81人,南洋模范中学有80人,其中除少数教职工外,绝大部分是学生。

二、开展大规模的护校活动。那时,国民党当局准备把一批影响较大的高等学校迁到台湾或华南去,在战乱中

---

[1] 中共上海市委党史资料征集委员会主编:《解放战争时期的中共中央上海局》,上海:学林出版社,1989年版,第420页。
[2] 中共北京市委党史研究室:《解放战争时期第二条战线·学生运动卷》(下册),北京:中共党史出版社,1997年版,第482页。

学校的图书、设备、建筑等容易遭受大的损失。北平解放前，"反动派企图劫持北大南迁。北大校长胡适也曾扬言南迁。地下组织和'民青'发动全校师生展开反南迁斗争。请樊弘、楼邦彦等教授演讲，申述北大一定要留在北平的理由。1948年11月22日，胡适在解民堂召开行政会议，经过激烈争辩，最后议决：'关于外界对本校迁移之传说，本会表示如下：北京大学从来没有考虑过迁移，现在也不考虑迁移，此项决议提交教授会讨论后发表。'24日举行教授会，通过不迁校的决议。"解放军渡江前，1949年"3月12日国民党政府行政院讨论了国立院校'应变计划'，要求各校选定校址南迁，将图书、仪器、文卷先行疏散。上海、南京各校同学们接过'应变委员会'，保护好学校，调查统计学校的人员、物资、设备，力求将学校的人员、物资、财产完整地保存下来"[1]。各校一般由学生自治会在"应变"的名义下团结全校师生员工，争取校方支持，保护校产，并劝阻一些学校负责人和教授留下，使学校完整地保留了下来。

三、对群众进行形势教育和党的政策的宣传。特别是开展群众性的真假和平讨论。那时，国民党政府败局已定，

---

[1] 燕凌、童式一、穆广仁、宋琤编著：《红岩儿女》第二部，北京：中国青年出版社，2005年版，第566、575页。

发动了一场"和平攻势",企图利用和平谈判的手段,达到"划江而治"的目的。这样,放在人们面前的问题是:将革命进行到底,还是使革命半途而废。各校通过举办时事座谈和讨论会、出壁报、散发宣传品等方式揭破国民党当局虚伪和平的真相,提高人们的政治认识。

四、配合解放军入城作战、维持治安和准备接管的需要,组织一些学生党员和积极分子,开展地区调查,搜集重要材料,还绘成地图,为解放军提供情报。

五、组织人民保安队和人民宣传队,以学生为主,人数众多,有着严密的组织,利用对当地情况熟悉的有利条件,在解放军入城后,开展对市民的宣传教育,并协助对地区的接管工作,使社会秩序较快地稳定下来。

由于人民解放军在横渡长江后,势如破竹地胜利进军,各大城市先后解放,国民党统治区的学生运动完成了它的历史使命,走上积极参加巩固政权、建设新中国的历程。

几个重要问题

一、学生运动和中国共产党的关系。解放战争时期的学生运动,是中国共产党领导的人民解放事业的重要组成部分。

细心回顾这个时期的学生运动，不难发现对运动发展进程起决定作用的是学生群体自身的利益和要求，如果不符合或违背学生自身的利益和要求，任何力量也不可能把如此众多的学生们"运动"起来，更不用说能使运动得到持续发展直到取得胜利了。

青年学生的根本利益和要求是什么？是爱国、民主和生存。正是以此为出发点，共产党团结并引导他们以正确的斗争手段战胜重重障碍，走向胜利。它所以能得到越来越多青年学生的拥戴和信任，原因就在这里。

怎样实现这种领导？可以用八个字来概括，那就是：顺势而为，因势利导。这里讲的"势"，是指客观存在着的发展趋势，不是任何人凭主观意愿能制造出来的。

"顺势而为"，就是顺应并代表学生群众的利益和要求来采取行动。拿抗议美军暴行运动来说，这不是哪个人所能任意"运动"起来，而是由于美军的暴行极大地激怒了无数有爱国心和正义感的中国学生。正如前引当时担任中共北平市学委委员的张大中所说："群众的情绪正在汇集成一股不可阻挡的怒潮，我们必须顺应这个潮流，坚决支持，积极引导。"再拿反饥饿、反内战运动来说，也是在学生们甚至教师们挣扎在饥饿线上忍无可忍、奋起抗争的情况下爆发的。随着国民党政府以军警武力镇压请愿学生激起众怒，又增加了"反迫害"的内容。这些都是学生自身有着这种强烈要求，运动才能发展起来的。

"顺势而为"不等于共产党无所作为地听任事态自发地进行。既要"顺势"，又得有"为"。有时候，学生中普遍存在某种要求，但由于环境恶劣等原因，还在犹豫，没有立刻行动起来。这时就需要有人勇敢地挺身而出，代表学生的要求，响亮地喊出众多学生内心的呼声，将局面迅速打开。这样做的人，往往就是学生党员或者党的积极分子。有时，学生的要求是客观存在的，但对怎样行动的具体意见还比较分散，情绪还起伏不定。这时也需要有一支坚定有力、行动一致的核心力量，深入到群众中去进行组织联络和宣传鼓动，才能形成有明确目标和步调一致的行动，才能取得预期的成功。

"因势利导"是指必须在群众自发要求的基础上，加以引导和提高，使它具有更明确的政治方向。青年学生充满热情，但缺少社会经验。这种引导和提高，必须符合客观实际，并且要充分考虑到它是多数学生特别是中间群众所能接受的。例如，"反饥饿"是学生群众中普遍强烈感受到的要求。在此基础上，进一步说明造成这种饥饿现象的原因在于国民党政府发动内战，这也是多数学生能够理解和接受的。这样因势利导,就把最初的分散的经济斗争一步一步地提高为"反饥饿、反内战"的政治斗争。

这场斗争掀起的前夜,中共上海局书记刘晓给中央的报告中说明:由于最近的物价暴涨等原因,近月来群众斗争又复趋活跃,虽是分散的、生活性的,但是此起彼伏没有断过的,而且每一个斗争都带有全体的统一性与包含反国民党的内容。他接着写道:"这些说明蒋区城市的群众运动目前曲线即将走完,抗暴运动以后第二个高潮又将很快到来,辰月份(指5月)可能是这一高潮开始。这一高潮要比抗暴有更大社会基础,更广泛也更坚强,配合全国军事形势的转变,有一直发展成为高潮的可能,当然也还可能走一两个曲折。"[1]这是完全符合实际的。

5月23日,正转战陕北的周恩来看到刘晓来电后,为中共中央起草复电指出:"关于群众斗争形势的分析及斗争方针的规定,均甚恰当。""望即坚持此项方针,并灵活地运用斗争策略,有时直进,有时迂回,有时集中,有时分散,公开与秘密、合法与非法,既区别又结合,使一切群众斗争都为着开辟蒋管区的第二战场,把人民的爱国和民主运

---

[1]中共上海市委党史资料征集委员会编:《解放战争时期的中共中央上海局》,上海:学林出版社,1989年版,第364页。

动大大地向前推进。""我们尽管放手动员群众进行反饥饿、反内战、反借款的斗争,向蒋介石要饭吃、要和平、要自由。"[1]27日,周恩来在为中共中央起草的对叶剑英、李维汉的批示中又指出:"要使此次学运的政治经济斗争口号成为有机的联系,不要生硬加上,不要脱离中间分子,要依其觉悟程度提出各种部分的辅助口号,以推动其向总的斗争口号前进。"[2]

1947年的"反饥饿、反内战、反迫害"运动,正是遵循着中共中央和上海局等提出的这些意见,因势利导,稳步前进,取得巨大胜利。这是十分成功的例证。

二、学生运动的发展是波浪式前进的,而不是直线式的不断高涨。同样,也不能把解放战争时期国民党统治区学生运动的历史进程,理解为只是一个高潮紧接着一个高潮、不断高涨的历史,忽视在一个高潮和另一个高潮之间扎实的群众工作。不断向前发展,并不等于一直处在高潮中。

吴学谦曾写道:"斗争的起伏,高潮和低潮,是群众运动的必然规律。这一方面是敌人利用他们的优势要用种种

---

[1]《中共中央青年运动文件选编》,北京:中国青年出版社,1988年版,第653、654页。

[2] 共青团中央青运史工作指导委员会、中国青少年研究中心、中央档案馆利用部编:《中国青年运动历史资料》第17册,北京:中国青年出版社,2002年版,第217页。

方法阻挠你，不允许你一直斗下去；另一方面群众的觉悟程度也不平衡，广大群众不可能无休止地坚持斗争，而我们的战略任务也不是同敌人进行决战，一切斗争为的是积蓄力量。"[1]

这种波浪式的发展，不仅由客观环境所决定，而且也是群众运动本身发展的内在要求所决定的。

一场疾风暴雨式的群众运动高潮，可以使大群的人短时间内在思想上发生剧烈而巨大的变动。在斗争的高潮中，人们处在异常激动和兴奋的状态中，同时也在相当多的一批积极分子头脑中积累起许多问题，需要更深刻地学习和思考，寻求以前没有认识到的答案。当运动从高潮逐渐平复下来时，很多人常常如饥似渴地去阅读各种新书，在思想上进一步提高自己。读书会、时事讨论会、壁报等，就这样以多种形式在校园里发展起来。在加强思想教育的同时，还要抓紧做好组织联络工作。中共中央在抗议美军暴行运动中就提醒："一般地在民族爱国主义口号下的组织（如这次抗议美军暴行委员会），较带普遍性，但为着持久与扩大，又必须有各种与学生日常生活有关的组织。""各学校

---

[1] 吴学谦：《当前上海学运中几个问题的总结》（1948年12月），中共北京市委党史研究室：《解放战争时期第二条战线·学生运动卷》（下册），北京：中共党史出版社，1997年版，第43页。

学生团体间的联络，各地学生核心组织的彼此联系，青年会学生组织的活动加强，都成为迎接今后更大规模的学生爱国运动的必要条件。"[1]这样，才能把前一段运动高潮的成果切实巩固下来，为迎接下一次运动高潮到来做好准备。运动中的骨干分子，也需要利用运动间歇时间来总结经验教训，把感性认识上升到理性认识，提高斗争的水平。

运动中高潮是十分重要的，但它不能代替一切，更不可能一直处于高潮中。如果没有积极分子思想觉悟、组织程度的提高和骨干分子经验的不断总结，群众运动是不可能持久地发展的。

学校中有着大量政治上处于中间状态的学生。他们中很多人有正义感。当遇到一些强烈刺激时（如美军暴行、教育危机等），他们也会投身到学生运动中来，参加罢课、游行等活动，甚至表现得很积极，但当运动高潮逐渐平复下来时，他们又会回到自己原来习惯的生活轨道上去，这是很自然的。如果只照顾少数积极分子的情绪和要求，一味猛进，那就会脱离群众，使自己陷于孤立以至失败。

吴学谦在总结工作时指出："许多党员在发动斗争时非常有劲，斗争暂告段落时便觉得无事可作，希望最好一直

---

[1]《中共中央青年运动文件选编》，北京：中国青年出版社，1988年版，第644页。

斗下去，遇到挫折便垂头丧气，这是在思想上不了解斗争环境的复杂性，不重视主动争取间歇整顿队伍的意义。"他还要求："善于迂回绕过暗礁，不能强迫各校硬性配合、机械看齐，不能用一个口号、一个方式长期坚持。斗争要有策略，不打硬仗，要适可而止，不闹决裂，不能希望在一次战役中完全解决问题，应该主动地转换斗争方式、口号与目标，以便用新的斗争来继续发展力量。"[1]

反内战、反饥饿运动中，就有过他批评的那种盲动性事例：北京大学院系联合会提出过要把这年6月2日定为反内战日，"呼吁：全国同学在这一天罢课游行，全国工人在这一天罢工，全国商人在这一天罢市。"[2] 五二〇游行结束后，华北学联开会通过了这一决定，并公开宣布。

这件事引起社会上极大关注。蒋介石在5月24日日记中写道："共匪在我后方各大都市发动其各阶层宣传之威胁攻势。一面扰乱秩序，由大学而中学，而工厂，运动全国罢课、罢工、罢市，企图前后方响应，推翻政府，夺取政权，

---

[1] 吴学谦：《当前上海学运中几个问题的总结》(1948年12月)，中共北京市委党史研究室：《解放战争时期第二条战线·学生运动卷》(下册)，北京：中共党史出版社，1997年版，第43、45页。

[2] 《北大定六二为反内战日向全国同学呼吁函》，中共北京市委党史研究室：《解放战争时期第二条战线·学生运动卷》(中册)，北京：中共党史出版社，1997年版，第87页。

而一般自由知识分子之校长教授皆将由中立而附和共匪之可能。此时若不下决心,用快刀斩乱麻手段,则因循延误,更难挽救。故决先肃清后方之共党,安定社会,则图军事之进步也。"[1] 可见蒋介石已经下决心不顾一切地实行镇压了。

这项全国反内战日的行动被中共上海局领导北平南系工作的钱瑛及时发现和制止了。6月2日这一天在平静中过去,也避免了蒋介石原来准备"快刀斩乱麻"式的大规模镇压。当时北平南系负责人王汉斌、袁永熙回忆道:"7月王汉斌到上海汇报,钱大姐一开始就要王谈'六·二'是怎么回事?王汉斌把经过情况作了汇报,钱大姐严肃地批评说:'你们提出搞'六·二'全国反内战日的号召很不策略。你们北平靠近解放区,北平提的斗争口号,别的地方不知道是北平自己搞的,而以为是解放区、党中央的意见,有力量要响应,没有力量也要响应,使一些地方如武汉、沈阳、青岛受到了不同程度的损失,这是一个很大的教训。'钱大姐还指出,在国统区总的力量对比仍是敌强我弱,我们的斗争只能采取突击的形式,速战速决,使敌人措手不及。像你们这样事先公开宣布我们的斗争部署的日期,事实上

---

[1] 蒋介石日记(手稿本),1947年5月24日,"上星期反省录",现藏美国斯坦福大学胡佛研究所。

会使敌人有时间准备镇压。这种不考虑条件，不区分情况的决定是错误的。"[1]这段分析十分精辟。如果不顾客观环境和自身力量是否许可，只是随着一部分积极分子的主观愿望，想把运动一直保持在高潮状态，甚至期望运动的发展能够不断地一浪高过一浪，不懂得"斗争的起伏、高潮和低潮"是运动发展的客观规律，那就会陷入盲动而导致重大的挫折。这类惨痛教训，以往是很多的。

6月3日，中共中央致电上海局："你们领导斗争向前发展的方针是对的。今天京沪平津学生停止街上游行改在校内开会的办法也是对的。这样，可以巩固校内（包括教职员）的统一战线，便于集中要求于可能实现的条件（如释放所有被捕学生教员，医治受伤学生，惩办暴行人员，取消紧急措施及军事戒严等），然后再改变斗争形势，继续进行要和平、要饭吃、要自由的运动。"[2]

对第二条战线的历史进行研究，也不能把眼光只集中在几次高潮上，尽管这些高潮的作用是极为巨大的，也最引人注目。需要从整体上把握它的"起"和"伏"，剖析它怎样有高潮、有低潮、有突然出击、有必要休整，波浪式

---

[1] 王汉斌、袁永熙：《回忆钱瑛同志对我们的教导》，帅孟奇主编：《忆钱瑛》，北京：解放军出版社，1986年版，第139页。

[2]《中共中央青年运动文件选编》，北京：中国青年出版社，1988年版，第661页。

地向前发展,这段历史才能得到完整的认识和深刻的理解。

三、第二条战线的重要特点在于,它是在国民党政府统治区域内进行的,尤其以一些大城市为重点。双方力量相差悬殊:一方是有着全副武装和一整套专政工具的国民党政府;另一方是赤手空拳、手无寸铁的学生,随时可能遭受当局的残暴迫害。这是一刻也不能忘记的实际情况。谁忘记了这一点,就会吃大的苦头。从这样的实际出发,就要求学生运动不仅应"顺势而为"、选择恰当的时机,而且要十分注重斗争方式,特别是把合法斗争和非法斗争巧妙地结合起来,极其重视对中间群众的了解和团结教育,牢牢掌握"有利、有理、有节"的原则。

当抗议美军暴行运动告一段落、国民党当局加紧对学生运动的镇压时,周恩来在1947年3月为中共中央起草指示:"为适应这一新的变化,避免不必要的损伤,以准备迎接新的斗争形势,在蒋管区的这些城市民主爱国运动,应暂保持平静状态,不作过于刺激过于突出的进攻性的发动,而多作防御性的合法形式的呼吁和声诉。一切带全国性的政治斗争,应从参加这一斗争的群众本身的生存问题上着想。有计划地转移到带地方性的经济斗争中去,以深入和巩固群众斗争基础。某些过于暴露而又为特务极其注意的分子,除已取得社会地位者外,应暂就地隐蔽,静观变化,如镇压范围不大，过一时期，仍可回至原来岗位，如追究甚急，则只有易地疏散，这种暂时退守的策略，完全为避免硬碰，保全力量，利于今后新的斗争。"到客观形势发生重要变化、学生中的反饥饿反内战运动又走向高潮并博得社会的广泛同情时，斗争的方式就可以相应地变化。在尽量放手发动群众进行斗争时，仍要注意直进和迂回、集中与分散、公开与秘密、合法与非法既区别又结合的问题。

学生的爱国民主运动，常遭到国民党政府的敌视和镇压，被视为"非法"活动。国民党政府设立特种刑事法庭，它的重要任务就是把学生运动指为非法，用来镇压学生运动。许多学生被逮捕，不少人被杀害。当国共谈判破裂后，中国共产党的组织在国民党统治区内，更只能从事"非法"的地下活动，不可能"合法"存在。这些，是不需要多作说明的。但是，国民党统治区的学生运动，又要尽可能地利用各种合法的形式开展活动，甚至规模相当大的公开活动。例如，前面所说1946年上海各界人士（三分之二是学生）公祭一二·一运动死难烈士的活动，就是将于再烈士家属在玉佛寺的家祭扩大而成。这样的活动，国民党当局既不易事前发觉，也不便公开镇压。又如这年年底的抗议美军暴行运动，是由美国海军陆战队员强奸北京大学女生、激起广大学生和社会各界公愤所引起的，国民党当局也难以公开镇压。至于团结和教育群众的活动，更可以尽力通过学生自治会、社团读书会、歌咏团以至基督教团契等合法阵地和各种学术性、文娱性和福利性活动来进行，广泛团结同学，进一步积蓄力量。这些团结和教育同学的日常活动，也是国民党统治区学生运动不可缺少的重要组成部分。轰轰烈烈的群众运动高潮，正是以这种扎扎实实的日常群众工作为基础的。

时任中共上海市学委委员的李琦涛写道："利用合法开展斗争，能使我们在敌人统治的环境里，更广泛地发动和教育群众，把广大中间、后进的群众吸引到运动中来，密切了党和群众的联系，使斗争更为有利，使党的组织更好地隐蔽在群众之中，而敌人对于群众的这种活动和斗争也难于取缔和镇压。"同时他又指出："仅仅利用敌人的合法是不够的，还必须运用社会习惯所许可和群众公认的'合法'。有些活动敌人禁止、反对，公众认为合情合理，在群众充分发动起来和社会舆论同情支持的基础上，变成群众的口号和行动，无形中使敌人认为的'非法'变为合法，也就是社会习惯、公众舆论、群众公认的合法。"[1]

---

[1] 李琦涛:《解放前上海学生运动斗争策略的回顾和体会》，中共上海市委党史资料征集委员会主编:《解放战争时期上海学生运动史》，上海：上海翻译出版公司，1995年版，第246、247页。

"有利、有理、有节"的原则,同这个问题是有联系的。

时任中共北平南系负责人的王汉斌对这个问题作了比较充分的论述。他写道:"要坚持毛主席提出的'有理、有利、有节'的策略原则,这是斗争成败的关键。"第一,"有理,就是要抓好题目,师出有名。在历次学生运动中,我们提的斗争口号、斗争任务,都必须反映广大群众的切身利益和要求,反映广大群众的呼声,才能争取广大群众,包括中间群众、教授、社会人士的同情和支持"。第二,"有利,就是每次斗争都要有所收获,使群众的斗争热情和觉悟程度更加提高,使我们的力量得到发展和壮大,不能使群众的斗争积极性受到挫伤,不能削弱我们的力量,不能做'赔钱买卖'。要很好地根据斗争形势和群众条件决定我们的行动"第三,"有节,就是要适可而止。不能搞过火的斗争方式,'授人以柄',也不能坚持不可能达到的过高的要求,使自己陷于被动"。[1]

当然,遇到时机十分有利、高潮行将到来时,领导者又不能畏首畏尾、犹豫不决,而应当坚决起来领导,敢于冲破某些长期已经习惯了的旧观念,打开一个新的局面。

---

[1] 王汉斌:《解放战争时期北平地下党是怎样领导学生运动的》,《青运史研究资料》1980年第4期。

刘晓在一份请示报告中写道:"当群众情绪高涨时,当这一运动是真正处在真正(注:这两字是多余的)代表广大群众要求时,我们在方式上若机械执行,先经酝酿再去深入动员,等待大多数群众都愿意时再来发动的原则是错误的。这会失去时机,群众情绪低落,结果群众不仅不能发动,且易被国民党击破,而应采取大刀阔斧的方式,迅速由积极分子与可能发动群众(当然越多越好)抓紧时机进行号召,成立运动的领导机构,首先造成热空气,把国民党的行动压下去。"[1]尽管如此,由于国民党统治区内力量对比是敌强我弱的总体情况,当运动发展到一定阶段,仍然要适可而止,不能盲目地冒险硬拼。在这里,火候的掌握是十分重要的。

四、学生运动在国民党统治区的人民运动中起着先锋作用。它不能同其他社会阶层相脱离,不能孤立地进行,必须努力建立广泛的社会统一战线。

这种统一战线主要有两个层次:一是校内的教师以及有可能争取的校方,这是最重要的、经常要做的;二是社会上更广泛阶层的同情和声援。

---

[1]《刘晓关于目前学生运动情况向建国的请示》(1947年1月9日),共青团中央青运史工作指导委员会、中国青少年研究中心、中央档案馆利用部编:《中国青年运动历史资料》第17册,北京:中国青年出版社,2002年版,第33、34页。

教师和广大学生常有着亲如家人的师生感情，对品学兼优的学生尤为关心。他们中的大多数人有爱国心和正义感，面对日益严重的民族危机、社会危机和教育危机，政治上有苦闷，生活上有困难，往往有着和学生们同样的感受和焦虑，对学生抗议活动容易产生共鸣。虽然他们一般不会像学生那样以比较激烈的手段来反对国民党统治，但由于他们的社会声望受到人们普遍的尊敬，当学生运动发展到高潮时，他们公开发表文章或宣言支持学生的主张，到学生集会上作演讲，甚至集体罢教声援学生，对社会上和原处于中间状态的学生，可以产生其他人难以替代的不可忽视的作用。因此，在学生运动发展过程中以及在平时日常生活中，学生中的共产党员和积极分子，特别是那些品学兼优的学生尊重他们，和他们保持密切的联系，常去他们家看望，增进相互间的了解，培育起深厚的师生之情，有事同他们商量，又充分照顾他们的处境和困难，不勉强他们做感到为难的事情。这可以说是学生运动进程中一项经常的重要内容。

　　就是对校方，也要多做工作。因为负有管理学校的责任，他们的态度对学生运动的发展有着显然的影响。一些由著名学者担任的大学校长，如中央大学校长吴有训、浙江大学校长竺可桢等都对学生采取同情和保护的态度。一部分原来同国民党关系比较密切的大学校长，随着国内形势的发展，态度也有变化。有些人在中华人民共和国成立前夕，没有执行国民党当局的迁校或破坏学校的命令，而同学生的护校活动合作，把学校完整地保存到当地解放。

除了学校内部的教授、教师以及校方外，由于学生来自社会各阶层的家庭，对他们的亲属也可以产生重大影响。对社会上的一些上层分子，如银行家、实业家、编辑、记者、作家、妇女界和宗教界人士等，进行了大量工作。他们中很多人也采取了积极的态度，下关事件中的请愿团就是一个例子。

这样，学生运动的影响就不只是停留在学校的校园中，而是对整个国民党统治区人心的变动产生了十分重大的作用。

结语

为什么毛泽东在解放战争时期把国民党统治区的学生运动称为"第二条战线"？为什么它在中国人民解放事业中占有这样重要的历史地位？根本问题在于：人心向背从来在政治局势演变中起着决定作用。

抗日战争刚胜利时，国民党政府控制着几乎所有的大城市和主要交通线，控制着几乎全部现代大工业。在这样广大的地区内，相当多数的民众最初仍把它看作"正统"的中央政府，抱有期待和幻想。但在不长的几年内，情况就起了根本变化。毛泽东在1947年的十二月会议上说："在政治方面，国民党区域的人心动向变了，蒋介石被孤立起来了，广大人民群众站到了我们方面。孤立蒋介石的问题，过去在长时期内没有得到解决。土地革命时期，我们比较孤立。进入抗战时期，蒋介石逐渐失掉人心，我们逐渐得到人心，但问题仍没有根本解决。直到抗战胜利以后这一两年来，才解决了这个问题。"[1]这是一个极为重要的判断。

这个变化是怎样发生的？人民解放军在各战场取得的胜利，解放区波澜壮阔的土地改革，中国共产党在全国范围内影响不断扩大，起着决定性的作用。蒋介石和国民党政府的种种倒行逆施，用事实从反面教育了人民。而国民党统治区出现的第二条战线，也起了不可忽视的作用。

吴学谦在1948年12月总结上海学生运动工作时对这一点作了具体说明，他写道："由于青年学生在政治上的敏感性及斗争的传统，党的政治号召历来往往首先被学生接受，继而影响其他阶层。学生为这个号召奋斗时，又发挥

---

[1] 毛泽东:《毛泽东选集》第4卷, 北京: 人民出版社, 1991年版, 第328页。

了它对各阶层人民斗争的先锋带头作用。"[1]青年学生的家庭几乎覆盖了国民党统治区的各社会阶层,同社会各阶层有着千丝万缕的联系,他们政治态度和思想的变化自然也便于对国民党统治区各社会阶层直接产生重要影响。

第二条战线的出现是人心大变动的结果,又进一步促进了这种变化。千千万万手无寸铁的青年学生,为了爱国、民主和生存,毫无畏惧地起来反抗国民党政府,教育了众多原来在政治上处于中间状态的同学,也博得社会各界众多人的同情,加速了国民党政府的众叛亲离。这种作用不可小视。

还应该说道:解放战争时期的学生运动无论在规模上的波澜壮阔还是斗争的激烈频繁,都超过了以往各个时期。新华社1948年6月的社论《爱国运动的新高潮》写道:"谁都知道,今天蒋管区学生处境之险恶,远甚于过去的'五四'、'五卅'、'一二·九'时期,然而他们的奋斗,就其觉悟性、组织性、勇敢、机智和坚持性来看,却在在都达到了空前的水平。"[2]一场又一场惊心动魄的群众斗争,培

---

[1] 吴学谦:《当前上海学运中几个问题的总结》,中共北京市委党史研究室:《解放战争时期第二条战线·学生运动卷》(下册),北京:中共党史出版社,1997年版,第36页。

[2]《新华社社论集(1947—1950)》,北京:新华通讯社,1960年7月编印,第99页。

育并影响了一代青年人的成长。

在那样复杂险恶的环境中进行顽强奋斗，锻炼出一大批德才兼备的人才。他们比较年轻，有着较高的政治觉悟，又有较高的科学文化水平，在以后新中国的社会主义建设以至改革开放事业中成为重要的骨干力量，有的还成长为党和国家的领导人，这并不是偶然的。

当然，第二条战线的斗争并不是拿起武器来推翻反动统治。它对第一条战线的武装斗争，所起的仍然是配合作用。批判的武器不能代替武器的批判。如果没有第一条战线的节节胜利，如果没有中国人民解放军英勇奋战，消灭几百万由优势武器装备起来的国民党军队，推翻国民党政权的统治，便谈不上第二条战线的出现，更谈不上它的胜利了。但这种配合作用十分重要，它直接影响着广大国民党统治区的人心向背。这两条战线相互配合并不断推进，国民党政府便内外交困，为人民解放战争在全国的胜利创造了重要条件。

在回顾中国人民解放事业的历程时，对第二条战线的历史业绩，自然是不能忽视、更不会淡忘的。

席卷全国的反饥饿、反内战风暴

几乎和鲁中、东北战场局势发生不利于国民党政府的重大转变同时，国民党统治区的民众运动也掀起了规模空前的大风暴。就在1947年5月16日歼灭国民党精锐主力整编七十四师的孟良崮战役结束后四天，5月20日在南京发生了以"反饥饿、反内战"为中心口号的学生大规模抗议运动，以比抗议美军暴行运动更大的声势迅速席卷全国，形成前所未有的新高潮。

国民党当局无论在前方还是后方，同时陷入无法摆脱的困境。这是他们在年初根本没有料想到的。

反饥饿、反内战运动会像火山那样突然爆发出来，绝不是偶然的事情。它是国民党统治区恶性通货膨胀、物价飞涨、民众已难以继续生存下去的状况下做出的强烈反应，是人们再也抑制不住长期郁积在心头的愤怒和不满的必然结果。

国民党统治区的恶性通货膨胀和物价猛涨由来已久，它是从抗日战争后期开始的。在抗日战争初期，尽管沿海富庶地区大片沦丧，物资短缺，政府和军队的开支增加，大后方人口激增，但由于中国的战时经济以农业为主，1938年和1939年四川、湖南等省都是大丰收的年头，政府银行手中还掌握有相当多的游资和外汇，人民对实行抗日战争又采取支持的态度，因此通货膨胀和物价上涨的发展都比较缓慢。"1940年在中国的通货膨胀史上标志着一个转折点。""在1940年，中国的15个省稻谷夏收较往年降低20%，即使冬季的麦收量仍与往年相同，1940年的农产品产量总的计算起来也减低了10%；重庆的大米指数从5月间的213上升到12月间的1004。粮食产量1941年继续下降，比战前降低9%至13%。"[1]粮食是民众最不可缺少的物资，粮价上涨对民众生活的影响比什么都大。随着粮食产量的短缺，囤积居奇和黑市价格成为常见的现象，并且带动其他物价迅速上涨。也是在1940年，日军进入越南，中国无法再利用滇越铁路从国外输入重要商品；同年，英国当局又暂时停止开放滇缅公路。这样，使大后方缺少进口物

---

[1]张公权：《中国通货膨胀史（1937—1949年）》，北京：文史资料出版社，1986年版，第17页。

资的情况更趋严重。据国民政府主计处所编统计月报，大后方各种商品的物价指数，如果以1939年6月为100，到1940年12月就增至391，到1941年12月更增到1029，在一年半内达到十倍以上。这以后，政府以种种新的苛捐杂税来弥补赤字，并加强统制经济，豪门资本乘此大发国难财，民众生活更加困苦不堪。1944年，随着国民党军队在豫、湘、桂的大溃退，举国震动，物价上涨更加猛烈。据四联总处档案各重要城市零售物价指数，如以抗战爆发时的1937年7月为104.5，1943年12月为23357.4，1944年12月为75891，到抗战胜利前夕的1945年5月已达到216786，比抗战开始时激增两千多倍；[1]而民众收入，包括公务员和教师工资收入的增长却远远低于物价指数的飞涨，已到了难以维持基本生活的程度。张公权写道：

  在抗战结束前的几个月里，中国已达到人众财竭、民不聊生的边缘。普通的消费者都将其全部储蓄以及可以变卖的东西拿出来苟延度命。税吏和军人的横征暴敛、巧取豪夺，使广大农民痛心疾首，而在军队中开小差者

---

[1] 中国人民银行总行参事室编：《中华民国货币史资料》第2辑，上海：上海人民出版社，1991年版，第385、386页。

日见增多。在整个中国,抗战情绪被残酷无情的通货膨胀败坏无余。[1]

抗战胜利后,按理说,国民经济应该得到恢复和发展。确实,大后方和收复区的物价一度都有较大幅度的下降,使民众产生了希望,但这种状况只是昙花一现,只隔一二个月,物价又迅速上升。上海出版的《时与文》周刊上有一篇文章写道:

> 真正的经济崩溃过程是在全面抗战之后开始的,经过八年来长时间的、大规模的破坏,以及有系统的、有组织的经济剥削与侵蚀,国民经济达到了经济的崩溃的境界,而在胜利以后,接着又开始了空前规模的、全面的、动员全国人力物力的内战,这才爆发了极显著、极严重、极深刻的经济崩溃现象。[2]

进入1946年后,物价高涨的步伐加速进行,民众生活日益陷入困境。国民党政府外交部部长王世杰在这年6月

---

[1] 张公权:《中国通货膨胀史(1937—1949年)》,北京:文史资料出版社,1986年版,第46页。
[2] 伍丹戈:《经济崩溃与经济政策》,《时与文》创刊号,1947年3月14日。

26日的日记中写道:"近来一般舆论,对政府均甚触望,其主要原因为物价高涨,政府财政之前途十分黯淡。政府在此方面为'无能'之表现,予实不胜忧虑。"[1]清华大学教授伍启元9月1日在《观察》创刊号上发表文章,针对有些人认为"今日中国经济状况已经改善,已经好转"的"乐观"论调,说:"如果我们不是从表面上看,而是作深一层看,则当前中国经济是危机四伏,没有一点可以乐观的。"他写道:

就各阶层的生活来说,今日中国经济是极不合理的。我国百分之八十以上的是农民。目前一般农民因受战祸、灾荒、黑暗的政治、错误的经济政策和地主土劣层层的压迫,生活早已在饥饿线上。至于战前的中层阶级(公教人员和薪水阶级),则早因通货膨胀的影响而沦为大贫。现在惟一得意的只有包括封建力量、贪官污吏、买办阶级和资产阶级的既得利益集团。这个集团在全国中下阶层在死亡线上挣扎的时候,正穷奢极侈地过着一种最新式、最贵族和最浪费的生活。今日中国"有"的阶级和"无"的阶级生活水准差别的程度,今日中国"无"

---

[1] 王世杰:《王世杰日记》第5册(手稿本),台北:"中研院"近代史研究所,1990年3月影印,第341页。

的阶级生活痛苦的程度,已经超过法国革命前夕法国当时的程度。一个只居住在上海南京繁荣世界的人或者会自欺欺人地说中国的经济已经改善了。但如一个人能同时见到上海天堂般的生活和广大农村与一般中下阶层人民的地狱般的生活,则他便不能不承认中国的经济需要根本的革命了。[1]

上海商业银行研究专员笪移今也在这年10月26日出版的《观察》上发表文章说:

抗战已经结束一年一个多月了,别的国家经济情形大都恢复了原状,或正在恢复的途中迈进,连战败国的日本经济也在欣欣向荣,独有战胜的中国是江河日下。演成这样结果的最大原因,乃是我们还在进行大规模的内战,还在执行战时经济政策,执行错误的经济政策。如果不悬崖勒马,放弃现行的政策,改变旧的政策,而任其执行下去,则中国经济前程,不是陷于不堪收拾的地步,就要走入殖民地经济道路。[2]

---

[1] 伍启元:《论当前中国经济情势》,《观察》创刊号,1946年9月1日。
[2] 笪移今:《中国经济危机的出路》,《观察》第1卷第9期,1946年10月26日。

1946年这一年内，财政经济状况恶化的速度是惊人的。据官方统计，政府支出增加3.2倍，政府的总支出中用于内战的军事开支占60%，而收入只足以应付支出的37%。[1]笪移今在另一篇文章写道："自三十四年（注：指1945年）十月至三十五年（注：指1946年）年底这十五个月中，上海物价增长二十八倍。"[2]曾担任国民党政府经济部次长的经济学家何廉写道："抗日战争胜利后受内战再起的影响，政府支出，按现行价值计算，1946年与上一年相比增加了4倍之多，如与1944年比较，增长则达44倍。1946年政府财政亏损（即支出超过收入），与1945年相比增长4倍。政府的钞票发行量，1946年与1945年相较也增长4倍。1945年的平均物价指数为163160（以1937年1—6月份为基期的平均物价指数为100），而到1946年12月份，物价指数（用同上基期）为627210。换言之，1946年与1945年相比较，物价指数的增长也是4倍，物价增长的基本因素在于财政。"[3]

《大公报》在1947年元旦发表的一条消息中，一开始

---

[1] 张公权：《中国通货膨胀史（1937—1949年）》，北京：文史资料出版社，1986年版，第50页。
[2] 笪移今：《物价往哪里去》，《观察》第2卷第5期，1947年3月29日。
[3] 何廉：《何廉回忆录》，北京：中国文史出版社，1988年版，第279页。

便毫不客气地写道:"经济总崩溃之症已成,一年来之内战造成通货恶性膨胀。"[1]

民族工商业受到进一步的打击。拿纺织业来说:"1947年1月实行限价收购,各厂生产的棉纱半数交纺管会(注:指经济部纺织事业管理委员会)。同时管制运销,上海运往华南、华北、武汉之纱布须签证许可。""限价、议价低于市价,甚至低于成本。"[2]这自然造成生产萎缩。

但蒋介石对这一切似乎并不在意。他在1月13日报告一年来复员工作时,十分轻松地说:"有人今天喊经济崩溃,实在今年可保险绝无危险。物价高,通货膨胀,为一时现象,中国绝对有办法。"[3]

为了对付财政上严重入不敷出的状况,国民党政府的行政院院长宋子文和中央银行总裁贝祖诒(淞孙)除了大量发行纸币、增加税收、变卖敌伪产业等外,很重要的是采取了一项措施:不断抛售黄金和外汇,用来吸收市面上泛滥的流通货币,以抑制通货膨胀。最高的一天,曾抛售黄金十万两。

---

[1]《大公报》1947年1月1日。
[2]许涤新、吴承明主编:《中国资本主义发展史》第3卷,北京:人民出版社,1993年版,第653页。
[3]《大公报》1947年1月14日。

这是一项注定要失败的政策：通货膨胀的根本原因在于内战扩大造成的军费开支激增，这个已成决堤之势的窟窿绝不是靠抛售政府手中掌握的那一点黄金、外汇所能堵上的。当时有人统计，中央银行从 1946 年 12 月到 1947 年 2 月上旬，共抛售黄金 15.77 万条，可收回法币 7.88 千亿元，但从 1946 年 12 月到 1947 年上半年增发法币约 1.5 万亿元，"显然的，黄金的猛抛仍远不及通货的膨胀为迅速，整个政策的失败在客观上自为不可避免"。[1]

当然，宋子文所以这样孤注一掷地做还有一个不可忽视的因素，那就是蒋介石和陈诚向他保证能在一年内消灭共产党，结束内战。因此，他并没有长远的打算，只想应付住眼前的局面，其他待内战结束后再来整顿。可是事实却是，不但谈不上消灭共产党，战局反而对国民党越来越不利，军费开支不断猛增，他就只能处在进退失据的窘境中了。

黄金和外汇，本来控制在国民党政府手里。他们总共抛售了多少黄金外汇，有多种说法。1947 年初接替贝祖诒担任中央银行总裁的张公权在 2 月 28 日的日记中记载，蒋介石召见他时，他向蒋介石报告："当贝淞孙接任中央银行

---

[1] 龙成志：《从物价狂涨看经济崩溃》，《时与文》第 8 期，1947 年 5 月 2 日。

总裁时，有黄金560万两，连同其他外汇，总值美金8亿元。现在只剩下黄金260万两，连同其他外汇，合值美金4亿元，约去其半。"[1]这些黄金和外汇大体上是在1946年3月至1947年2月不到一年的时间内花掉的。

这件事激怒了蒋介石。当时任中央银行稽核处长的李立侠写道："蒋介石最痛心的事，是宋子文、贝祖诒在他不知不觉中，把他的家当外汇和黄金大量花掉了。""宋子文是相当跋扈和专横的。在开放外汇市场与配售黄金后，中央银行每天有一份英文报告，直接送呈宋子文，而财政部及蒋介石处一点情况都不知道。一直到1947年1月，事情闹大了，蒋介石发火了，中央银行才开始每星期抄送一份报告。""蒋介石对中央银行是十分重视的。这是他的总账房，不许别人为所欲为。由于宋子文乱花了他的家当，他就断然把宋赶走。"[2]

这里还有一个问题：中央银行抛售的外汇和黄金是以远低于市价出售的。拿美元来说，直到1946年2月，宋子文才把外汇官价从1∶20一下提高到1∶2040，大体接近市

---

[1] 姚崧龄编著：《张公权先生年谱初稿》（下册），台北：传记文学出版社，1982年1月版，第801页。

[2] 李立侠：《宋子文、贝祖诒时期的中央银行》，寿充一、寿乐英编：《中央银行史话》，北京：中国文史出版社，1987年版，第90、91页。

价汇率。"已经在上涨的市价汇率,继续在上涨,不断地上涨,直到1946年8月已经涨到1美元对3000元法币。他又将汇率改变为大约1∶3000。但是市价仍在继续上升,到1947年2月,他快要辞职时,市价是1∶12000。"再拿黄金来说,"开始时,他以大大低于市价的官价售出金条,1945年他对向公众出售的黄金打了60%的折扣"。这种低价出售,说是面向公众,其实是不公平的"暗箱作业"。"如果没有政府的帮助,没有机会从政府手里买进外汇,在这个当口任何企业肯定都是要覆灭的。可是在1945年到1947年这两年期间,在宋子文的控制下,政府出售外汇时是差别对待的。和宋子文没有联系的企业所有人几乎没有机会从政府手里得到外汇,而与之有关系的人申请外汇就得到照顾。"[1]国民党元老王宠惠(亮畴)对行政院议事组主任陈克文说:"以前听到许多外国朋友批评政府贪污无能,以为是过火的话,现在耳闻目击,确是上上下下、大大小小无不贪污。"宋子文怎么样?陈克文在一个月后的日记中又记道:"亮畴先生对宋子文院长藉政治权势经营私人工商业,说了许多叹息的话,并指出许多事实。"[2] 这里也可以看出一二。黄

---

[1] 何廉《何廉回忆录》,北京:中国文史出版社,1988年版,第280、281页。
[2] 陈克文:《陈克文日记(1937—1952)》(下册),台北:"中研院"近代史研究所,2012年,第1036、1044页。

金的抛售，由中央银行业务局长林凤苞和副局长杨安仁交给同丰余金号董事长詹莲生经营。"一切交易均凭口头及电话决定，既无明文规定，也没有契约与申请单。甚至中央银行以所存400两一块金砖，熔化为市面通行的10两一根金条，也不经过当时的中央造币厂，而直接交詹莲生分配给有关金号、银楼代熔，每条付给三分火耗。"[1]金融市场投机猖獗，一片混乱，并且带动物价猛涨。这些事情，更容易激起众怒，也受到国民党内部不同集团的猛烈攻击。

抛售黄金和外汇的做法，事实上无法也无力继续维持下去了。1947年2月8日，蒋介石虽忙于部署进攻鲁南临沂的战役，仍抽时间接见宋子文，听取他报告上海金钞和物价情形，叮嘱他："今日所应急切图之者，尤莫重于改变经济政策。"宋子文只得在同日命令中央银行停止暗中抛售黄金。这一来，物价在10日、11日立刻陡涨近一倍。不少商家不愿出售货物，市面混乱。王世杰在2月11日的日记中写道："近日因政府发行大票（每张一万元）并停售黄金，上海及南京突起金融大风潮。黄金每两突由五六万元涨至九十万元，美钞由每美元七八千元涨至一万六千元。政府

---

[1] 李立侠：《宋子文、贝祖诒时期的中央银行》，寿充一、寿乐英编：《中央银行史话》，北京：中国文史出版社，1987年版，第38、39页。

信用与宋院长理财之信用均受大打击。"[1]12日，上海第一次发生抢米风潮，孔祥熙也要求彻查出售黄金全案账目与收购行号人名。当天《大公报》上有这样的标题——"物价如脱缰之马，各地粮价飞升，平民叫苦连天"，在新闻报道中说："物价野马，以绵（棉）纱布匹最俏，对一般平民无异迎头一棒。一般公务员对三月待遇之调整，原寄有殷切希望，这两天也都冷了这份心肠，都说：'就是调整一万倍，又何济于事。'"[2]13日，宋子文偕同财经顾问再去见蒋介石，仍主张变更外汇汇率和继续抛售黄金。蒋介石坚决拒绝，"决定停抛黄金，先拟定管制物价，取缔投机、禁用外钞等各种办法，再言变更汇率与黄金政策，同时发表整个具体方案"。[3]

15日，中央银行公告停止售金。16日，蒋介石亲自主持国防最高委员会，通过《经济紧急措施方案》，在"关于取缔投机买卖，安定金融市场事项"中规定了三条："（一）即日禁止黄金买卖，取缔投机。""（二）即日禁止外国币券在国境内流通。""（三）加强对于金融业务之管制，以控制

---

[1] 王世杰：《王世杰日记》第6册，台北："中研院"近代史研究所，1990年3月影印，第23页。

[2]《大公报》1947年2月12日。

[3] 秦孝仪总编纂：《蒋介石大事长编初稿》卷6（下册），台北：国民党中央党史委员会，1978年10月版，第383、385页。

信用,配合政府经济政策,安定金融市场。"[1]宋子文的黄金外汇政策完全失败。

正是在这种情况下,社会舆论对宋子文展开猛烈攻击。其中影响最大的是2月15日中央研究院历史语言研究所所长傅斯年在《世纪评论》上发表的《这个样子的宋子文非走开不可》。文章列举他的黄金政策、工业政策、对外信用等五条罪状,写道:"我真愤慨极了,一如当年我在参政会要与孔祥熙在法院见面一样,国家吃不消他了,人民吃不消他了,他真该走了,不走一切垮了。"[2]17日,国民参政会驻会委员会一致决议,要求给予宋子文等处分。24日,蒋介石手令在沪经济监察团,限月底前查明金潮案真相报核。

蒋介石2月28日的"上月反省录"中写道:"上海停售黄金后发生经济大风波,物价激变,无法制止,几乎崩溃在即。子文、崧荪(应为淞孙,即贝祖诒)之荒唐狂妄,徒滋纷乱而已。""政治形势日非,子文不能强免维持,不仅敌党与社会对之怨言载道,即党政军各方对之亦成为众矢之的。彼之所谓经济政策可谓倒行逆施,此为余信任太专、

---

[1] 中国人民银行总行参事室编:《中华民国货币史资料》第2辑,上海:上海人民出版社,1991年版,第556、557页。
[2] 傅斯年:《傅斯年选集》,天津:天津人民出版社,1996年版,第339页。

让其负责专断、不加顾问之咎也。""本月实为军事、经济、政治最拮据困难之一月，恐为从来所未有。"[1]

3月1日，宋子文不得不辞去行政院院长职务，由蒋介石兼代，张群任副院长；贝祖诒辞去中央银行总裁，由张公权接替。3月下半月，国民党举行六届三中全会。蒋介石在全会总理纪念周上说："这次全会只听凭怨天尤人的怨愤之声，殊少有建设性的建议。"陈克文在日记中写道："就我所见所闻，全会只充分表现党内派系的拼命斗争，并没有对敌党斗争定出具体可行的方法，更没有对国家社会定出建设和改造的好计划来。"[2]

黄金风潮只是国民党统治区经济危机深化过程中的一个不很大的插曲。蒋介石亲自主持制订的《经济紧急措施方案》的意图，是由放任政策改变为管制政策。但是，在全面内战扩大的条件下，放任也好，管制也好，都不能在财政金融方面取得成果，因为根本问题是随着军事开支的增加，财政收支无法取得平衡。"贝祖诒任中央银行总裁时，虽然耗费了大量的外汇、黄金和物资，但也延缓了通货膨胀的速度。

---

[1] 蒋介石日记（手稿本），1947年2月28日"上月反省录"，美国斯坦福大学胡佛研究所藏。
[2] 陈克文：《陈克文日记（1937—1952）》（下册），台北："中研院"近代史研究所，2012年，第1046、1047页。

张公权上台后,采取了严格的限额分配外汇办法,并停止抛售黄金。外汇与黄金消耗减少了,可是钞票发行更多了,通货膨胀更剧烈了,物价上涨的速度更快了。"[1]这一点,在张公权5月下旬给蒋介石的报告中也作了同样的说明:

> 自经济紧急措施方案于2月17日公布实施后,是时之发行总额为45628.68亿元。嘉璈(注:即张公权)接任之日(3月1日)为48754.5亿元。截至本日(5月28日)止,为81586.11亿元。在此3个月内,共计增加发行32831.61亿元,平均每月约占1万余亿。惟自4月份增加速率较快,约在1.2万亿左右。5月份估计当在1.4万亿以上。[2]

"四月涨势"非同寻常。张公权所说"自4月份增加速率较快",措词尽量缓和,只是说"较快",事实上,停止抛售黄金、美钞后,物价上涨速度更大幅度加快。我们从当时报刊上可以看到这样的文字:

---

[1] 李立侠:《宋子文、贝祖诒时期的中央银行》,寿充一、寿乐英编:《中央银行史话》,北京:中国文史出版社,1987年版,第45页。
[2] 中国人民银行总参事室编:《中华民国货币史资料》第2辑,上海:上海人民出版社,1991年版,第538页。

正当若干人士沉湎于紧急措施方案的魔力的时候，一般物价忽再度趋于暴涨。自四月上旬开始，举凡棉花、棉纱、布匹、食米、食油、大豆，莫不于一二星期之间，分别昂贵百分之三十至百分之七十不等，又其他制造品及舶来品，显然因为直接间接成本的增高，也随之飞跃起来。至于地区方面，首先由东北、平津、汉口、无锡等地发生波动，影响所及，遂形成本埠（注：指上海）的物价风浪。更由于本埠竞购各色货物的结果，再使外埠的物价水准作进一步的跳跃。十分明白的，此次物价狂潮的激荡不同于前次，而其严重性也当是胜于往日的。

因此之故，如以物价的风潮迄今已达到最高峰，将是一个错误的估计。如《经济评论》杂志的指数，四月第三周已升为二一九〇五，第四周约二七〇〇〇左右，即中央银行以农产品为主要对象的指数也已自上月的一二〇〇〇上腾至目前的一七〇〇〇，平均上升约为百分之四十。预测今后当只有继续暴涨，而决不致如二月中旬以后的小有回挫，且波动的程度亦将较过去为猛烈巨大，也为事前可以肯定的。[1]

---

[1] 龙成志：《从物价狂涨看经济崩溃》，《时与文》第8期，1947年5月2日。

另一篇文章更对"四月涨势"和以前不同的特征,以及令人更加忧虑的发展趋势作了具体的描述:

> 平心而论,宋院长下台以前虽闹了一次金钞大风潮,可是当时金钞究竟还吸引了一部分游资,游资泛滥在物资市场的危害还不甚严重。在此次物价的四月涨势中,除掉证券市场游资有一部分出路以外,大部分游资都向着各种日用品疯狂猛攻了。这次物价的上涨,采取了更普遍、更深刻的态势。到目前为止,这股涨势似乎还没有停止的希望。物价上涨的趋势,本来是曲线形的、波浪式的;然而通货恶性膨胀愈到后来,必然是曲线愈来愈短,最后甚至没有间歇,变为一直线的上涨。只要看四月间米、面粉、生油、纱、布、肥皂等各种日用品都一致上涨百分之五十至八十,就可推测今后涨势的严重。"紧急措施"希望将金钞与物价的连[联]系拉断后,使物价能够稳定于某一点上。现在这个希望显然是幻灭了。[1]

在《经济紧急措施方案》中还有一项重要规定:"行政院指定若干地点,为严格管制物价之地。""各指定地职工

---

[1] 张西超:《经济前途还能乐观吗》,《时与文》第9期,1947年5月9日。

之薪工按生活指数计算者，应以本年一月份之生活指数为最高指数，亦不得以任何方式增加底薪。"[1]现在，物价没有也不可能被"严格管制"住，相反却如此猛涨，而职工的工薪倒是被"严格管制"着。这叫人怎么活下去呢？

看起来真有点滑稽，正是在这样军事失利、社会动荡、人心不安的情况下，焦头烂额的国民党政府却热热闹闹地搞起"改组政府"的活剧来，吸收一些青年党、民社党人士和"社会贤达"参加政府。连胡适也在3月18日向英国驻华大使史蒂文森夸口说："这次国民党结束训政，是一件政治史上稀有的事。其历史的意义是国民党从苏俄式的政党回到英美西欧式的政党。"[2]4月12日，蒋介石、张君劢、曾琦、莫德惠、王云五分别代表国民党、民社党、青年党和"社会贤达"共同签署改组后的国民政府"施政方针"。[3]18日，根据国民党中央常务委员会决议，公布经过"改组"后的国民政府委员名单，共二十八人，其中国民党十七人，青年党、民主社会党及无党派人士十一人。蒋介石对记者发表谈话，郑重其事地说："今日国民政府委员会之改组，

---

[1] 中国人民银行总行参事室编：《中华民国货币史资料》第2辑，上海：上海人民出版社，1991年版，第557页。

[2] 胡适：《胡适日记全编》（7），合肥：安徽教育出版社，2001年版，第649页。

[3] 《双城莫德惠自订年谱》，台北：商务印书馆，1968年12月版，第109页。

乃我自训政进入宪政之重要步骤,此次改组使各政党及社会贤达得以参加全国最高之政治决策机构。"[1]

但只安排几个国民政府委员,显然还不能满足青年、民社两党的"官瘾"。李璜在回忆录中写道,不少青年党员抱着这样的心理:"认为青年党一旦参加政府,大家便都有官做了。""四川同志纷纷的奔向京沪,思向青年党求得一官半职来做。"[2] 国民党当局也觉得需要在政府各部中安排几个其他党派的人员,才好称为"多党之内阁"。于是,在蒋介石的心腹而被《纽约时报》称为"国民党自由派领袖"的张群担任行政院院长后,4月23日,发表行政院的政务委员和各部会负责人名单,青年党的李璜当经济部长(后改为由陈启天担任)、左舜生当农林部长。这又被称为"至是,国民政府改组完成,多党之内阁成立,中国国民党还政于民之理想,已获初步实现"。

国民党内的爱国民主人士李济深、何香凝、蔡廷锴等当即发表联合声明称:"这样的政府改组,不能解决中国任何问题,只能助长内战,增加人民之痛苦。这样的政府改组,

---

[1] 秦孝仪总编纂:《蒋介石大事长编初稿》卷6(下册),台北:国民党中央党史委员会,1978年10月版,第435页。

[2] 李璜:《学钝室回忆录》(下册)增订本,香港:明报月刊社,1982年1月版,第633、637页。

丝毫不能引导中国走向民主。""总而言之，现在改组的政府本质上仍是国民党一党专政的政府，青年党和民社党参加这个政府徒供作一党专政的烟幕而已。"[1]

民众对这件事的反应又如何呢？著名女记者浦熙修有一篇题为《新官上任第一周》的南京通信，用辛辣的笔调写道：

> 这是新官上任的第一周。新贵们乘着新的紫红色的汽车驰骋街头，仿佛把南京装点得焕然一新了。改组后的政府把国家的政治真造成了一个新的局面吗？这只有新贵们自己知道。
>
> 事亦着实很巧，就在这新官上任的当儿，泰安失守，娘子关失守，这些军事上使人不痛快的消息接二连三的来了。更有甚于军事的，对于后方人民生活有切肤之痛的物价，亦就乘机高升，越级上涨。过去是金钞听得吓人，但那终究还是老百姓看不见的东西。现在最要命的是米价越级上升，改组前十万元一石的，今天已经将近三十万。老百姓清晨起来排着队等一上午买市府配售的

---

[1]《中华民国史档案资料汇编》第5辑第3编，政治（一），南京：江苏古籍出版社，2000年版，第26页。

平价糙米也要合十万五千元一石,并且每人只许买五升。米店里已经没有了米,上好白米要到黑市去寻问。米价如此,而一般的物价却竞相上涨,仿佛都要与新贵们凑个热闹。[1]

这个"热闹"实在"凑"得不轻。"4月底,粮价开始往上爬,人民的脸色变得苍白了。这次粮涨一开头,就使市场陷入混乱,一次接一次的有行市没有货物。人人心里明白,这一次就是要命的一次了。"[2]"进入5月,物价就像脱缰的野马那样向前飞奔。许多老百姓需要的日用消费品甚至从商店中消失,转入黑市,它的价格就更难统计了。5月2日,上海市长吴国桢在不到十天内将每石米的限价从十三万元提高到二十万元,不少米店仍因过低而拒售。"他们说,这是不够米价加上运费成本的。"[3] 5日,上海市政府正式废除限价。第二天,上海《文汇报》报道:"米依照米业代表自动规定门市每石二十五万做开,白粳黑市则盘旋于二十七八万元左右,米店仍借口无米供应,故仍无粒米

---

[1] 袁冬林、袁士杰:《浦熙修记者生涯寻踪》,上海:文汇出版社,2000年版,第353、536页。
[2] 辛扬火:《反战行列在北平》,《时与文》第13期,1947年5月30日。
[3] 潘振球主编:《中华民国史事纪要》1947年4—6月,台北:"国史馆",1996年6月版,第441页。

做开……场外涨风益炽，特别白元猛叩三十万大关。""食油，涨无止境，市势益形汹涌，因限价业已取消，货主任意哄抬。""杂粮，全面奔腾，价格再见高峰，因米价续告激升，货主售意颇淡，黄豆售样几告绝迹，市上成交寥寥。""面粉涨势益厉，因粮食俱告飞升，且有限价即将取消说，场外交易混乱，执主扳持益力。""卷烟、火柴、肥皂等日用市价，连日上涨颇巨。昨晨日用品市场开市，势极紊乱，一片喊买，人心激昂，执货者只有漫天讨价，不愿脱货，致形成无市状态。"[1]这种令人不寒而栗的悲惨情景，也许是今天的年轻人无法想象的。

面对这样的严重状况，号称"还政于民"的"新内阁"怎样应对？陈克文在5月8日日记中写道："物价问题、公教人员待遇改善问题，是新内阁急须解决的大问题。张院长几日来苦心衡虑，想得解决之道，我们作幕僚的也为这些问题而忙碌不宁。有没有具体的办法呢？没有人，任何人恐怕也没有。"12日记道："因公教人员与官兵的待遇问题，这两日和张院长不断接触讨论。今午张院长告诉我，蒋主席已同意每年增拨三千亿元为改善待遇之用，但在此数内

---

[1]中国第二历史档案馆、中共南京市委党史办公室编：《五二〇运动资料》第1辑，北京：人民出版社，1985年版，第69、70、71页。

须保留五百亿元，由蒋主席自己支配。"[1]怎样支配，别人就不知道了。

中国有句老话说："苛政猛于虎。"全家面对断炊的威胁，确实比猛虎更使人感到恐怖。5月2日，杭州发生数千饥民的抢米风潮，捣毁米店和警察派出所。7日，南京郊区浦口镇民众（主要是铁路工人）因米价在当天上午数小时内从每石十九万元到突破三十万元，同米商发生冲突，捣毁各米店，将存米哄抢一空。同天，上海也发生抢米风潮。8日，上海米商宣告自动停业，又有12家米店被抢。在这前后，成都、无锡、苏州等地也相继发生抢米风潮。

工人们因工资被冻结在1月份的水平，而物价早已大幅度上涨，无法生活下去。4月底，上海纺织工人向政府提出解冻的要求。8日，上海纺织工人一万五千人在市政府前示威。9日，上海电车工人举行三次示威，要求解冻生活指数。10日，上海工人协会将致政府公开信分发上海各报，要求增加工资。信中说："我们并不是共产党，而是要求公平待遇的工人；我们愿意为国家建设尽责任，但拒绝替少数贪得无厌的政府要人受苦。警察站在我们这一面，如果

---

[1] 陈克文：《陈克文日记（1937—1952）》（下册），台北："中研院"近代史研究所，2012年，第1059、1061页。

政府以武力对待我们时，就会发现这事实。我们人数超过八十万。"[1]

民众连起码的生存权也无法得到保障了，怎么还能叫学生安心读书，叫人们再默默地忍受下去？在国民党统治区内，到处是一派"山雨欲来风满楼"的肃杀气象。一场暴风雨的来临是不可避免的。

如果没有这样深刻的社会大背景，那种足以使国民党政府陷入全民包围的第二条战线是不可能出现的。即便掀起一阵浪潮，也不可能持久地发展下去。

正确的口号，在革命运动的进程中往往起着举足轻重的作用。当社会发生急剧变动的时刻，一个能够动员千百万人步调一致地行动的口号，必须是既能正确地反映群众最迫切的要求和最基本的愿望，为广大人群所能理解和接受，又能引导他们不只停留在原有的水平上，而是从这个基础出发，向更高的阶段迈进，把生活斗争适时地提高为政治斗争。

五二〇运动最初提出的"反饥饿、反内战"正是这样的口号。

---

[1] 潘振球主编：《中华民国史事纪要》1947年4—6月，台北："国史馆"，1996年6月版，第525页。

我们可以看看，当时国民党统治区民众，特别是人数众多的原来在政治上处于中间状态的人们，最关心的问题是什么？集中到两个字就是："饥饿。"《大公报》在年初的一篇时评《今日学生的烦闷》中就写道："无数青年学生，破衣两袭，旧被一条，每餐白水菜汤半碗、咸菜一碟、窝头三个，随时对着学校催缴学杂费的牌告发愁：这生活真够困苦了。"[1]该报在5月初的另一篇时评，题目是《要叫老百姓活得下去》。5月3日，上海的交通、复旦、暨南、同济四所国立大学校长联名致电行政院长张群、教育部长朱家骅说："物价狂涨，教职员生活困苦已达山穷水尽之境，非空枵所能慰藉，务急迅予提高待遇，以维教育。"这实在是罕见的举动。17日，南京区大专学校学生《争取公费待遇联合会宣言》中说："在印钞机无休止的周转下，已迫使我们学生及极大多数的人民，从人的生活水准，降低到畜牲的生活水准。而现在，这个畜牲的生活水准也无法维持了。面临着我们是严重的饥饿失学危机，是使难民的行列增加新的伙伴，是使饿死的骷髅中增加新骨骼。"[2]这又是多么沉痛的呼声！

---

[1]《大公报》1947年1月6日。
[2] 中共北京市委党史研究室：《解放战争时期第二条战线·学生运动卷》（中册），北京：中共党史出版社，1997年版，第79、199页。

人们在把注意力集中到饥饿问题时,自然会进一步思考:这一切是怎么造成的?答案不难找到:这是国民党政府发动全面内战带来的。饥饿的根源在于内战,反饥饿必须反内战。历史学家翦伯赞当时在一篇公开发表的文章中写道:"饥饿和内战,是一个问题的两个方面,因为饥饿是内战的结果,内战是饥饿的原因。当一个人在饥饿的当中,他一定会要想到,他为什么陷于饥饿,只要他这样一想,他立刻就会喊出反内战的口号。所以反内战的口号,也不是要人煽动才能知道的秘密。"[1] 这就毫不奇怪:许多学校的学生集会上,经过反复讨论,大家同意在提出反饥饿的同时增加反内战的要求。当时有一幅流传的漫画,上面写着六个大字"向炮口要饭吃",这在人们中激起强烈的共鸣。

国民党政府原来以为:他们已将中共代表团在南京、上海、重庆的人员在3月7日、8日逐回延安,接着又武力夺占延安,并且在国民党统治区实行更严厉的镇压政策,后方会有一个比较平静的局面。但是,客观形势的发展,完全出乎他们的意料之外。

4月28日,处在秘密状态的中共上海分局书记刘晓,致电中共中央,报告国民党统治区群众运动复趋活跃的新

---

[1] 翦伯赞:《学潮平议》,《时与文》第13期,1947年5月30日。

趋势，说明新高涨的特点，并且判断 5 月份可能是这一新高潮的开始。电文说：

> 由于最近物价暴涨、从三月以来发生一连串美军侮华事件、经济统治剥削与政治压迫加紧，近月来群众斗争又复趋活跃，虽是分散的、生活性的，但从公教人员要求公平配给、学生的学业保障与增加公费，一直到各校各厂的具体斗争和今天正在开展的职工解冻指数的斗争，是此起彼伏没有断过的，而且每一个斗争都带有全体的统一性与包含反国民党的内容。群众对国特恐惧逐渐减少，中间分子在斗争中表现积极，上层分子一部分思想开始有新的转变。

> 这些说明：蒋区城市的群众运动目前曲线即将走完，抗暴运动以后第二个高潮又将很快到来，辰月（注：即 5 月）份可能是这一新高潮开始。这一高潮要比抗暴有更大社会基础，更广泛也会更坚强，配合全国军事形势的转变，有一直发展成为高潮可能，当然也还可能走一两个曲折。但这次国民党是有准备的，在新高潮来到前也将极力阻挠与破坏，必须有一个艰苦斗争过程，才能突破，走上高潮。

> 这一高潮不像抗暴带突然性，而是在开始形态是此

起彼伏、连绵不绝、分散的生活斗争，是生活斗争与政治相互协通、到一定时机又汇合成为全面性的政治斗争，我们在思想上组织上策略上都是为着准备组织与领导这一新的高潮，把蒋区民主运动向前推进一步。[1]

电报中还提出上海分局准备采取的方针：从生活斗争的不断发展中来突破，因为这是敌人的弱点，我们更易推动群众与准备力量；在这些分散、此起彼伏中，真正集中、大量组织几个中心运动，作为运动骨干汇合时的主流运动，指导与国民党斗争的主力；虽以生活斗争为主，但必须渗进一些政治斗争，而使每个生活斗争成为另一面的政治斗争等。这个报告得到中共中央的批准。

突破口选择在什么地方？中心运动首先从哪里发动？上海分局选择了国民党统治区的心脏——南京。4月间，他们通知处在地下状态的中共南京市委书记陈修良迅速赶到上海共同商议。陈修良回忆道："这次会议是在上海局一个秘密机关的所在地召开的。与会者有刘晓、刘长胜、沙文汉和我，专门讨论南京工作。上海局（注：此时仍是上

---

[1] 中共上海市委党史资料征集委员会编：《解放战争时期的中共中央上海局》，上海：学林出版社，1989年版，第364、365页。

海分局。1947年5月8日,中共中央通知:将上海中央分局改为上海局。)书记刘晓同志问我:南京有没有力量发动学生运动?我汇报了南京的情况以后,大家认为有条件在国民党首都发动一次大规模的反饥饿、反内战的群众运动。为什么要在南京先发动?因为它是'首都',政治影响比上海大。随后还决定南京与沪、平、津、杭各大城市学生联合起来进行斗争。"[1]

陈修良回南京后,立刻召集市委有关负责人秘密开会,通知学生工作委员会具体布置,并且决定首先由中央大学发动。因为中央大学是全国有名的大学,学生多,党员也多,进步力量强。南京各校的活动,一向总是以中大的马首是瞻。国民党、三青团在中大的人数虽不少,但孤立得很,起不了多少作用。

那时候,南京共有七所大学,六千多名学生,其中,中央大学有学生四千五百名,教会办的金陵大学有一千名,其他五所学校各在一百名到三百名之间。到1946年底,这些学校共有共产党员三十多人,中央大学、金陵大学各占近一半,国立音乐学院、戏剧专科学校、药学专科学校各有党员一二人。此外,各校还有党的外围组织和一批进步

---

[1] 陈修良:《陈修良文集》,上海:上海社会科学院出版社,1999年版,第205页。

社团。"中央大学早在抗日战争末期就在学生中建立了新民主主义青年社这个党领导的先进青年组织。这时候,新民主主义青年社的组织,已经有了一百多个社员。他们遍布在自治会、系会、科学研究团体和文艺组织里,成为团结教育学生群众的核心。在反饥饿斗争中,党充分发挥了新民主主义青年社的组织作用。"[1]

这次运动中,大学教授不只是表示同情,而且可以说率先行动起来,这是客观环境对他们逼迫的结果。

深重的社会经济危机给教育事业带来了极端严重的后果。公教人员的薪给自抗战后期以来一直难以维持基本的生活。清华大学教授伍启元在1946年10月就愤慨地写道:"在人类的历史中,公教人员所受到的待遇,像中国公教人员过去几年那么微薄,是不多见的。"[2]《大公报》在社评《由东北大学罢教说起》中写道:"教员饥饿死活在所不顾,学校存亡兴废在所不管,不仅不替下一代国民着想,而且简直也不替'国家脸面'稍留余地;只凭当局这种态度,就逼得教授们陷于绝望,而不得不采决绝态度,向政府抗议,

---

[1] 朱成学:《追忆五二〇运动》,李琦涛等:《战斗在第二条战线上》,北京:中国青年出版社,1964年版,第42页。

[2] 伍启元:《公教人员的待遇怎样才能得到真正的改善》,《观察》第1卷第8期,1946年10月19日。

并向社会控诉了。"[1]

由于内战扩大,军费日增,教育经费更是江河日下。单中央大学一校就缺少经费百亿元,使数十项抗战胜利后的复校工程停工。1947年4月,校方被迫向教职员工征收房租和水电费,员工生活将更加困难。教授们实在忍无可忍了。4月26日,中大教授召开紧急会议,提出比照物价指数支给薪金和提高教育经费等要求,并推出十三名教授为代表向教育部请愿。他们还去函各地请其他大学派代表来南京开座谈会。5月6日,因教授会向教育部请愿毫无结果,由中大教授会主席、医学院教授郑集主持,召开全校教授大会,到会的有一百人。议决发表宣言,由贺昌群、吴世昌、沙学浚、宗白华、范存忠五位教授起草,宣言中说了一些很沉痛的话:

> 今日全国政治经济混乱到这样的地步,我们发出这呼声,心中抱着无限的沉痛。我们担当着教育中华民族现代和下一代儿女的责任,也肩荷着以科学、技术、学术、思想改造中国为一个现代国家的使命。在这两项意义之下,八九年来,我们渐渐深切的痛感政府对于文化、教育、

---

[1]《大公报》1947年5月14日。

学术措施之错误与用心之难测。

在经济的束缚与重压下,所得的结果是:(一)迫使文化教育者对政府的极度不满,这种不满情绪的表现,中央与地方的执政者,统加以"左倾"之名,以致民[意]无从宣达,事实上许多人也就趋于极端。(二)一方面造成政治普遍的贪污,一方面使整个社会政治文化教育的效能和水平极度降低,社会道德完全败坏,是非颠倒。(三)迫使奉公守法、善良优秀的人才,营养不足,劳心焦思,疾病无医,而至死亡。

试问,政府行的是什么政策?有没有政策?这种无政策的政策,无异于奖励或默认政治社会上的非法,助长贪污,而压制奉公守法、清慎勤廉的人,这是辅世长民的立国之道吗?

眼前全国的教员与学生,衣不足御寒,食不够营养,住不蔽风雨,实验室不能开,图书馆无图书,政府竟熟视无睹,却愿意费几百亿的巨款去粉饰太平。

我们相信:任何政府不能合理的解决那个国家民族当前的大问题,则"水能载舟,亦能覆舟"。[1]

---

[1] 中国第二历史档案馆、中共南京市委党史办公室编:《五二〇运动资料》第1辑,北京:人民出版社,1985年版,第132、133、134页。

宣言最后提出六项要求：请政府决定并施行全国教育经费最低不得少于国家总预算的15%；各党派及三青团训练费用，不得由国家教育文化项内开支；请政府直接指拨充足外汇，交各学校订购图书仪器及科学器材；教员薪津应明文规定，依照物价指数支付；教授最高薪额，由600元提高至800元（注：此数字当为底薪，再乘生活费指数）；如不能达到目的，吾人为国家前途及实际生活计，当采取适当步骤，以求上列决议案之有效贯彻。

就在那几天内，5月4日，河南大学教授会因物价飞涨、教授生活无法维持、电请教育部要求调整待遇，多日未得答复，经紧急决议，即日起全体罢教。5日，山东大学全体教授也因要求调整待遇而罢教。同日，中央社北平电称："北京大学经济危机日深，教授一百八十余人透支已达四亿元，其中最多者为六百余万元。据称：透支六百万元者下月即达千万，校方欠外债八亿，每月付利息五千万元。北大负责人称：如此下去，教授将无法教书，学校无法办理。"6日，天津《大公报》发表题为《论教授罢教》的社评，写道："教授于其本身待遇方面，无苛求，无奢望，他们仅仅要一个合理的标准，要一个安定的生活。这可以说是最低限的要求，也自然就是最正当的要求。教授当然有权利向政府申诉：他们必须能够生活下去。"可是，"任凭教授们声嘶力竭，哀切呼吁,而当局竟无片言只字的回答,真是熟视若无睹,充耳如不闻"。"政府对于教授的生活保障和迫切要求,实在太漠视,也太冷酷了。"[1]

教授们的愤怒都已达到如此地步,青年学生的境遇和情绪更可想而知。

对教授们的悲惨境遇,学生们抱着强烈的同情,深深感到中国的教育事业已发展到大崩溃的边缘。上海市学生联合会在1947年6月出版的小册子《新五月史话》中写道:"同学们看看先生也太苦了,生活程度这样高,微小的薪水养不活一家老小,营养更不要讲了。先生一面教书一面担心事,想想一家生活,实在没心想教书。学生子受不到好先生的指导,眼看再这样下去,教育弄得不好,中国的前途也不会好了。"[2]

与此同时,学生们的生活状况也迅速恶化。1946年9月,平津各大学复员不久,《大公报》短评《救救学生》中就写道:"看平津学校一股穷象[相],伙食坏,煤炭缺,真是两餐不饱,三冬难过。"[3]这年12月,国民政府行政院按当时物价,规定大学公费生的副食费2.4万元,到1947年5

---

[1]《大公报》1947年5月6日。
[2]《新五月史话》,上海:上海市学生联合会,1947年6月编印,第6页。
[3]《大公报》1946年9月7日。

月上旬一直没有变动。在这期间,食米、猪肉、大豆、豆油、煤球等价格平均上涨达4.3倍。大学公费生的每天副食费只够买两根半油条。"中大行政当局鉴于学生伙食确实已经差到不能再差的地步,除向教育部再次要求增加公费生副食费外,决定采取临时措施:公费生副食费标准从5月4日起暂按4万元计算,即副食费从2.4万元暂增至4万元。但是,在5月10日前一、二天,行政院重申大学公费生副食费标准为2.4万元,也就是,把中大行政当局暂定的副食费4万元标准强行降回2.4万元。行政院措置失误,引发了中大学生正要爆发的愤怒,成为五二〇大风暴的导火线。"[1]

5月10日,中央大学学生伙食团在膳厅门前贴出布告,说近来物价猛涨,每月副食费无法维持到月底,决定召开席长会议共商办法。共产党员、中大新民主主义青年社领导小组组长、历史系学生颜次青看到布告后,向党组织报告,决定把握形势,支持学生为生存而奋起斗争。他又同新青社公开工作系统负责人、中大学生自治会副常务理事(即副主席)朱成学商议,决定当晚在举行席长会议同时,召开新青社领导小组会议,并把领导小组意见传达到它的各级组织,一致行动。

---

[1] 华彬清:《五二〇运动史》,南京:南京大学出版社,1990年版,第43页。

这以后的两三天内,中央大学学生宿舍区贴满了学生的大字报。"两天内,中大学生在民主墙上贴出要求增加副食费的文告上签学号的不下二千人,许多三青团员也签了。在呼吁书上,各院系同学各持所长,申诉和论证了自己的意见和要求。如理学院学生证出'新几何题':2分37秒内战费用等于中大学生1个月膳费;经济系学生调查自冬以来物价上涨4.3倍,说明副食费按比例应提高4.3倍,应达到10万元;医学院学生研究出维持最低健康标准所需的副食费每月当为11万元;法律系学生拿出《中华民国宪法》,上面规定教育经费应达总预算的15%,现只占3.7%等等。"[1]有些大字报很快被上海《文汇报》、南京《新民报》和外地大学的报纸所转载。

5月12日晚,中大举行学生系科代表大会。米食团报告:5月份全部副食费只能维持到14日,14日以后怎么办,请系科代表大会做出决定。经过激烈争论,大会决定:13日起开始罢课,并派代表赴行政院、教育部请愿(53票对40票通过);并决定先按最低营养标准吃饭,吃完了再说,称为"吃光运动"。由于代表王世德、朱成学、王安民等向

---

[1] 中共北京市委党史研究室:《解放战争时期第二条战线·学生运动卷》(中册),北京:中共党史出版社,1997年版,第419、420页。

当局的请愿毫无结果，13日晚系科代表大会再次举行，以103票对13票通过继续罢课，并以72票对16票通过全体同学举行集体请愿。15日，中大、剧专、音院学生四千多人举行反饥饿游行，向行政院、教育部请愿，许多政治上处于中间状态的以致一向不关心国事的学生也参加了。游行队伍高举草席和破铁皮，上面用墨汁写上大字："快饿死了！""我们饿，上不得课！""炮弹？面包？"教育部长朱家骅在接见时却说："副食费要增加到10万元，绝对办不到。现在国家正在打仗，财政有困难，哪里有这许多钱！"[1]这自然更加激怒了学生们。金陵大学学生也在15日宣布罢课，16日到行政院、教育部请愿。也是在16日，中大、金大学生都作出无限期罢课的决定。17日，南京六校成立"南京区大专学校争取公费待遇联合会"，决定在20日国民参政会开幕时组织联合请愿，并向全国九大城市的大学发出电报，要求一致行动，还派人去上海、杭州联络，欢迎他们来京参加请愿。

进入5月以后，全国各地的学生运动以迎接红五月的五四纪念活动为起点，正在迅速高涨，并且一步步集中到反饥饿、要求提高公费待遇和教育经费上来。

---

[1] 华彬清:《五二〇运动史》，南京:南京大学出版社，1990年版，第52、54页。

在上海，抗暴运动后一系列此起彼伏、接连不断的分散的群众活动逐步地趋向集中，预示着新高潮即将到来。5月初，几十所中学的学生成立"反会考委员会"，并有三千多学生举行游行，欢送代表团去南京向教育部请愿，取得了胜利。5月9日，因警察殴伤并逮捕上海法学院学生，两千多学生游行到市政府要求释放被捕同学、严惩凶手，也取得成功。13日，交通大学师生两千七百多人，因反对教育部停办航海、轮机两系，自己开动火车赴南京请愿，到达真茹车站附近，国民党当局拆掉前进路轨，出动大批军警包围列车。最后，学生们仍迫使从南京赶来的教育部长朱家骅写下不停办两系、增加经费等五条书面保证，请愿队伍才安全撤回校内。同在5月13日，上海医学院学生在自己进行的体格检查中，发现约有15%的学生因营养低劣得了肺结核病，一个学生因贫病卖血而暴病死亡。上医学生群情激愤，在交大护校斗争和中大"吃光运动"的鼓舞下，斗争一触即发。中共上海市委学委因势利导，决定提出"抢救教育危机"的口号。5月14日，上医学生罢课，并到各校宣传。各国立大专院校立刻响应，在15日起相继罢课，并上街进行"反饥饿，反内战"和"提高教育经费，增加公费，抢救教育危机"的宣传。几所私立大学也要求革新校政而相继罢课。16日，杭州的浙江大学学生在学生自治会主席于子三主持下召开大会,决定响应罢课,并派代表赴南京参加请愿。17日,"上海国立大学学生联合会"成立,决定派上海学生代表和杭州学生代表一起,前往南京参加向国民参政会的请愿。

在北平,各校师生同样也处在饥饿的严重威胁下。5月11日,《清华周刊》发表清华大学教职员要求调整待遇呈梅贻琦校长书,内称:"职等服务学校,薄俸不足维持生活,已非一日。而迩来国内市场混乱,物价高涨,北平尤甚。处此米珠薪桂之境,职等捉襟见肘,势将沦于匮乏。无衣无食,何以从公?"要求"政府当局,迅照现实物价指数,调整公教人员生活待遇"。[1]北京大学的学生公费同样远远不足支付伙食费。"学生的伙食就由吃米饭改为吃棒子面的丝糕,每天只能吃白水煮青菜。5月初,院系代表不断向校方交涉,要求增加公费,没有解决。""各社团在广场贴出了大字标语:'我们的大米哪里去了?我们的白面哪里去了?''向饥饿宣战!向制造饥饿的人宣战!'"[2]14日,在清华大学校长梅贻琦主持下,举行平津国立院校长谈话会,

---

[1] 中国第二历史档案馆、中共南京市委党史办公室编:《五二〇运动资料》第1辑,北京:人民出版社,1985年版,第188页。

[2] 中国人民政治协商会议北京市委员会文史资料研究委员会编:《北平地下党斗争史料》,北京:北京出版社,1988年版,第556、557页。

决议"电请教育部将各院校经常费最低限度增加六倍发给"；鉴于物价飞涨，请教育部普遍提高教职员薪额；学生公费应以上涨的物价为发给标准。[1] 16日，清华大学学生自治会致电中央大学学生自治会，明白表示同情他们的罢课。17日，清华大学学生决定罢课三天。清华大学教授钱伟长等八十一人签名发表公开信，对学生的罢课"表示衷心同情"。同日，清华大学反内战反饥饿罢课抗议委员会告同学书中写道：

> 今日物价在疯狂上涨，经济在加速崩溃，千千万万人民挣扎在饥饿与死亡的边缘，国内局势已到了最危险的阶段。我们认为造成这现象的原因在于内战，在于当局武力统一政策。内战使大量的财富毁灭，使通货膨胀，使物价飞跃，使人民一步一步走向死亡的道路。因此，为了改善人民的生活，为了拯救祖国的危亡，为了反抗当局这种独裁内战政策，我们以罢课作为我们沉痛的抗议。[2]

---

[1]《大公报》1947年5月15日。
[2] 中国第二历史档案馆、中共南京市委党史办公室编:《五二〇运动资料》第1辑，北京：人民出版社，1985年版，第195页。

清华大学、北京大学学生宣布从19日起罢课三天,"学校当局态度镇定,均未作正式表示"。[1] 18日,清华、北大等校派出上千人的宣传队,到街头进行反内战、反饥饿的宣传。《大公报》载:"当地居民说:'你们所说的话就是老百姓所要说的话。'"[2]北京大学学生在西单附近遭到青年军的包围和毒打,有八名北大学生受重伤被送进医院。消息传出,北平的燕京大学、中法大学、师范学院、朝阳学院、铁道学院等校宣布罢课。天津的南开大学、北洋大学也自18日起罢课三天。

在日趋高涨的群众抗议浪潮面前,国民党当局采取的是严厉镇压的政策。5月15日,蒋介石在日记中写道:"近日各地大学学潮风起。""如上海交通大学之罢课、请愿,阻碍交通,擅开火车,扰乱社会,不一而足。本日中央大学为要求增加膳食公费而请愿,各种无理取闹、集团要胁,必使政府威信尽失,无法维持秩序,则共匪乃可逞其夺取政权之阴谋,痛愤之至。拟先颁令劝告,一面准备肃清共匪,重申纪律,为根本之图。"[3] 17日,陈克文日记记载:"参加中央党政军联席会议,热烈讨论应付学潮的方针和态度,

---

[1]《大公报》1947年5月17日。

[2]《大公报》1947年5月18日。

[3] 蒋介石日记(手稿本),1947年5月15日,美国斯坦福大学胡佛研究所藏。

趋势比上一次剧烈得多，一致主张不宜用拖延和容忍的态度，避免流血的字样也删除了。学潮已不是学校或学生本身的事，政治的意义越来越厉害，党的斗争已经从前线战场蔓延到后方来了。"[1] 18日，南京国民政府委员会通过并颁布《维持社会秩序临时办法》，蒋介石为这个"办法"发表书面谈话。谈话中说：

> 最近发生之学生行动，实已越出国民道德与国家法律所许可之范围，显系"共产党"直接间接所指使。如长此放任，不但学风败坏，法纪荡然，势必使作育青年之教育机关，成为毁法乱纪之策源地，国家何贵有如此之学校，亦何惜于如此恣肆暴戾之青年。为保障整个国家之生命与全体青年之前途，将不能不采取断然之处置。[2]

蒋介石的书面谈话表明，国民党当局决定对学生下狠手了。发表后，舆论哗然。《时与文》周刊上一篇态度比较

---

[1] 陈克文：《陈克文日记（1937—1952）》（下册），台北："中研院"近代史研究所，2012年，第1062页。
[2] 秦孝仪总编纂：《蒋介石大事长编初稿》卷6（下册），台北：国民党中央党史委员会，1978年10月版，第455页。

温和的文章写道:"如果社会动荡的基本原因依然存在,而当局不能作有效的措施与改进,恐怕这不是一纸文告、几条办法所能安定得下来的。"[1]19日,上海十所国立学校和四所私立学校学生七千多人在邻近上海火车站的暨南大学操场举行欢送"沪杭区国立院校抢救教育危机晋京代表联合请愿团"的大会。会后,集队欢送代表到火车站,在火车站附近的高楼上悬挂一条特大的竖幅标语:"民国万税,天下太贫。"南京的中央大学学生在18日、19日两天连续举行系科代表大会。据大会记录,对20日是否坚持请愿,赞成的124票,反对的只有1票;对宣言、标语中是否加入"反内战"的原则,赞成的102票,反对的10票,都获得通过。

5月20日清晨,中央大学学生和上海、苏州、杭州学生代表,按预定计划,在中大四牌楼大操场集合。但这时中大和金大等校园都已被军警包围。学生们冲出校园,集合了五千多人的队伍,以孙中山像为先导,高举"京沪苏杭十六专科以上学校挽救教育危机联合大游行"的横幅,向国民参政会前进。到达珠江路时,道路已被军警封锁。据当时的《观察》南京通信报道:"金大路近,结果走在前

---

[1] 周天行:《学潮压制得了吗?》,《时与文》第11期,1947年5月23日。

面，中大在后面，中间有别校的学生。经珠江路口，大队学生已冒着水龙冲过去，剩下两三百中大学生未走完。拿着粗棍铁尺的警察突然的打散了队伍。先是用粗棍横打，后来是劈头下来，一面打，一面捉。学生完全是无抵抗的，被打在地下的女生则站上去用脚踏和踢，打伤的依旧捉进去。""队伍的末段被打散后，逃回来报告，听说吴（有训）校长得知学生被打，晕厥了。原来没有参加游行的学生都一齐去了。冲出去的学生被包围在国府路，未到参政会半途。包围阵势是骑警、宪兵、警察三道防线。"[1]面对这样严重的局面，游行队伍主席团决定暂停前进，因为如果继续硬冲，会造成很大伤亡，但也不能后退。双方对峙达六小时。下午2时下起倾盆大雨，学生仍屹然不动。为了打破僵局，主席团到国民参政会会见秘书长邵力子。经过邵力子调解，让学生仍沿原路线行进后返校。蒋介石在当天日记中只是淡淡地记了一笔："得报告，各大学生仍有一部分聚众游行示威，与宪警发生冲突，略有负伤者，惟无死亡。"[2]五二〇运动即因5月20日的事件而得名。

同一天，北平大专学校学生七千多人从中午十二时半

---

[1]《南京五二〇惨案的前因后果》，《观察》第2卷第14期，1947年5月31日。
[2]蒋介石日记（手稿本），1947年5月20日，美国斯坦福大学胡佛研究所藏。

起,高举"华北学生北平区反饥饿反内战大游行"的横幅,自沙滩北大广场出发,经王府井、长安街、西单、西四、北海前门,再返回沙滩。走在队伍前列的,是清华复员军人大队,他们由青年军及其他军队的退伍军人学生约三百人组成,其中三分之一穿着旧的美式军服,行进时不断高呼:"抗战军人只打日本!抗战军人不打内战!清华复员军人反对内战!"十分引人注目。天津学生这天的游行分南北两路,南路有南开大学和南开中学学生八百多人,北路有北洋大学学生约六百人,两路游行队伍都遇到暴徒殴击,造成九人重伤,六十二人轻伤,二十三人被捕。

当晚,到南京参加游行的中共上海市学委代表回上海向中共中央上海局书记刘晓报告。刘晓提出了三条意见:这件事必将激起学生更大的愤慨,应该号召总罢课;向社会控诉,争取支持;斗争口号应增加"反迫害"。[1]根据中共中央5月8日的通知,上海局管辖长江流域、西南各省及平津一部分党的组织与工作,并于必要时指导香港分局。这样,"反饥饿、反内战、反迫害"的抗议运动,迅速在全国范围内展开。

---

[1] 刘晓:《1947年"反饥饿,反内战,反迫害"运动的一些回顾》,共青团中央青运史研究室等编:《解放战争时期学生运动论文集》,上海:同济大学出版社,1988年版,第30、31页。

拿上海来说，21日，"抗暴联"召集全市一百零二所大、中学校学生代表开会，成立上海市学生抗议五二〇惨案后援会。22日，约四十所大、中学校响应后援会的号召开始罢课。23日，罢课学校增加到七十多所。24日，又增加到八十多所。全市大部分大、中学校卷入了这次抗议浪潮。那样多中学生积极投入到这场运动中来，这是以前不曾有过的。

从整个国民党统治区来说，运动席卷南京、上海、北平、天津、杭州、金华、长沙、南昌、成都、重庆、广州、武汉、青岛、济南、开封、西安、福州、昆明、桂林等地，学生们先后举行罢课、上街宣传或游行。它的规模和声势都超过了年初的抗议美军暴行运动。最明显的特点是：许多原来在政治上处于中间状态的学生也积极投身到这个运动中来。这是一个重要动向。《观察》的天津通信写道：这次运动中特别需要提出，"保守学校的开始活动和无所谓人士的参加工作。前者如北平辅仁、天津工商等，都是二三十年来未尝参与任何校外活动的教会学校，这次竟也毅然与北大、南开等采取了同一步伐！后者如学校一部分无所谓的同学，这次也能于国事日非，不容再行颓废萎靡，而体行力争，这足证时代的巨流，已袭到了每个人的头上，是非生死歧途，青年们已开始了明快的抉择。"[1]

这时物价仍在继续飞涨。拿上海的米价来说，5月22日每石30万元，23日突涨到43万元，25日上涨到46万元，26日已至60万元。路透社5月26日上海电称："米价空前暴涨，今日又造成新纪录，已涨至近50万元一担，而不满一旬之前，只卖30万元。"[2]这种人人都能感觉到的事实所产生的动员作用，比其他千言万语都要大得多。

新华社评论道："运动广泛，是因为从群众最迫切的需要——要吃饭、要和平出发。人没有不要吃饭的，但是蒋介石今天的统治，却使中国大多数人（包括大多数大学生和大学教授）硬是没饭吃。人民的所以没有饭吃，是因为蒋介石发动了全国大内战，破坏了全国人民所力争的和平。"[3]如果不是人们已经到了难以生存下去的地步，如果不是人们已经对国民党政府完全丧失信任，任何力量都不可能发动起这样规模的群众运动并把它坚持发展下去。

刘晓在5月31日的一份报告中指出当时运动发展的特点："目前运动已从个别要求发展到共同要求，从局部发展

---

[1] 王水：《北方学运的源源本本》，《观察》第2卷第17期，1947年6月21日。
[2] 潘振球主编：《中华民国史事纪要》1947年4—6月，台北："国史馆"，1996年6月版，第661页。
[3] 《新华社评论集（1945—1950）》，北京：新华通讯社，1960年7月编印，第166页。

到全国性，从经济性到带政治性，群众情绪高涨，社会同情。"[1]

就在国民党军队在孟良崮惨败后半个月内，国民党政府完全没有想到在它的后方会出现如此广泛的群众抗议运动。这对国民党当局又是一次沉重打击。他们采取的对策只有一条，就是继续加强高压。蒋介石在5月24日日记中写道："时局因军事挫折而发生大动摇，人心恐怖畏匪，社会皇皇。""情势如此，共匪在我后方各大都市发动其各阶层宣传之威胁攻势，一面扰乱秩序，由大学而中学而工厂，运动全国罢课罢工罢市，企图前后方响应，推翻政府，夺取政权。而一般自由与知识分子之校长教授皆将由中立而附和共匪之可能。此时如不下决心，以快刀斩乱麻手段，则因循延误，更难挽救，故决定先肃清后方之共党，安定社会，则图军事之进步也。"31日，他又写道："五月向为社会多事之日，共匪发动罢学、罢工、罢市之阴谋，多方煽动，无所不用其极。加之物价高涨，公教人员生活困迫，一部教授被其利用，大学学生且多为共匪宣传与组织所胁制，全国大学几乎罢课示威，演成无政府状态，乃于参政

---

[1] 中共上海市委党史资料征集委员会编：《解放战争时期的中共中央上海局》，上海：学林出版社，1989年版，第373页。

会开会以前颁发维持社会令。""参政会开会期间反动派为共匪利用,因之要求和平空气几乎弥漫全国,学潮口号为反内战、反饥饿,必使政府束手待毙。"[1]于是,许多地方实行宵禁,军警在深夜任意闯入校园搜捕学生,特务们在校园内制造一次次血案又把它称为"互殴",说了一些公道话的《文汇报》《新民晚报》《联合晚报》被封禁。蒋介石是准备下更狠毒的一手了。

上海市学生联合会在6月间编印的《新五月史话》在前言"血和泪的控诉"中有一段概括的叙述:

> 二十三日上海法学院学生十一人在黑夜中,被手执凶器的警察毒打之后被捕,罪名是"互殴"和"煽动罢工"。二十五日,交通大学、同济大学和其他各中学的九十七位同学,因宣传反内战而被捕。当天晚上,复旦大学受军警包围被无理捕去五位同学。同时,他们也在交通大学制造"互殴"事件,大批特务手执手枪、木棒、石头,围攻正在开会之系科代表,结果有两同学受重伤,四十位受轻伤,十四人被捕,但因为手法欠妙,"互殴"

---

[1] 蒋介石日记(手稿本),1947年5月24日,31日"上月反省录",美国斯坦福大学胡佛研究所藏。

变成特务们暴行的实录。我们处在这一境地,实在忍无可忍,因此被迫发动请愿游行。二十六日那天,大批军警分别包围交大、复旦、暨大、同济各校。在新政府的宪法中,规定人民有请愿自由,可是我们却被压迫而丧失这种自由。就在那天,吴市长答应我们六项诺言,其中最主要的是释放被捕同学和保证以后不发生同样事件,我们同学表示满意,所以中止游行。谁知言犹在耳,当天下午,暨南大学便发生凶殴的惨案,同时有三四十人无辜被捕;而当天晚上,复旦同学被预伏在路旁之暴徒袭击,致重伤同学三人,轻伤二十余;同日,大同大学同学被校外特务以木棒铁尺粗索等武器殴打,十余人轻伤,两人重伤,其中一同学眼角刺破流满血,同学之被褥什物亦被强行烧毁,类此暴行继续的演出,使我们不能不怀疑当局诺言之诚意。

虽然在这种迫害底下,学联会仍委曲求全,在二十八日通过劝告各校复课的宣言,我们希望政府能拿出诚意来实行他自己的诺言。

但我们终于受骗了,当局虽释放一部分同学,然而新的逮捕又开始。二十八日就有交大、复旦、同济、上医、上商、大夏、沪江、中国新专、音专、光华等校更大规模地逮捕所谓"共党分子",大批军警包围学校,他们除了捕人的任务以外，还随便抢东西，侮辱我们的师长和女同学。

至目前为止，这类有计划的大规模暴行还在全国各地继续演出。在五月三十一日至六月二日这短短的三天中，广州的中山大学，重庆的重大、川教院、西南学院、中央工校、女师院，开封的河南大学，汉口（注：当在武昌）的武汉大学，青岛的山东大学以及天津、成都、福州、杭州各地均先后有同学被枪杀、殴打和逮捕，恐怖的魔掌在伸向全国每一个角落。[1]

其中，震动全国的是6月1日凌晨3时武昌军警一千多人冲入武汉大学搜捕学生，在学生宿舍中开枪扫射，并掷手榴弹三枚，在走道中打死学生三人。武汉大学教授发表的宣言中说："根据医生对死者的伤口检查，所使用的枪弹竟还是国际战争上被禁用的达姆弹。"[2]

国民党当局更加如临大敌般准备严厉对付的是6月2日的"全国反内战日"，并且作了紧急部署，决定乘此进行一次大镇压。天津街头贴满标语，渲染这一天"共产党要

---

[1]《新五月史话》，上海：上海市学生联合会，1947年6月编印，第4、5页。

[2] 宋次男：《对付学生并无禁用达姆弹之例》，《观察》第2卷第16期，1947年6月14日。

大暴动""煽动学潮即是奸匪"。[1]《大公报》6月1日以大字标题报道:"津市今午开始戒严,警备部宣布游行以暴动论。"[2]"'六二'上午有十几辆满载军士的大卡车,冲锋枪、迫击炮及其他美式武器一应俱全,整队地驶进南开大学校园内,巡逻一周而去。这种征服者的姿态是所有身历其境的人不能忘怀的。"[3]

这个"反内战日"是怎样来的?它是5月17日北京大学院系代表大会在决定罢课三天的同时提出来的,号召各界在这一天进行总罢课、总罢工、总罢市,举行反内战大游行。20日,北平学生游行队伍回到北大沙滩广场时,领导运动的华北"反饥联"常委会中几个不是共产党员的激进学生在向围坐在广场上的大中学生报告向北平行辕请愿没有结果后,提出接受北大定6月2日为反内战日的建议,全场热烈鼓掌通过。随即以华北"反饥联"的名义,发表宣言,通告全国,在全国范围内造成很大的影响。北平地下党学委,不论南系还是北系都不支持这个做法,认为根据群众临时动议做这样的决定,是不适当的,但考虑到群

---

[1] 本刊特约记者:《两年前的老样子又回来了》,《观察》第2卷第16期,1947年6月14日。
[2]《大公报》1947年6月1日。
[3] 钟伯平:《学潮平息以后的认识》,《观察》第2卷第17期,1947年6月21日。

众已经通过决议并公开宣布，不好硬性加以改变，只能先看一看，根据情况的发展再采取措施。学委南系负责人王汉斌、袁永熙回忆说：在稍后的7月间，王汉斌到上海汇报，上海局负责人钱瑛一开始就要王谈六二"全国反内战日"是怎么回事？王汉斌把情况汇报后，钱瑛严肃地批评道："在国统区总的力量对比仍是敌强我弱，我们的斗争只能采取突击的形式，速战速决，使敌人措手不及，像你们这样事先公开宣布我们的斗争部署和日期，事实上会使敌人有时间准备镇压。这种不考虑条件、不区分情况的决定是错误的。"[1]

上海局对这场斗争的发展，本已有了部署。刘晓在5月24日给中共中央城市工作部并华东局的报告，对形势作了冷静的分析，对工作做了明确的部署：

> 为着巩固战果，争取社会更大同情，教育中间分子，躲过敌人的攻势，避免过早与敌人决战，以便累集力量在决定关头使用。由于群众疲劳需要休息，预备力量（职工）还不能投入战斗，上层配合还不够有力，还须加强

---

[1] 王汉斌、袁永熙：《回忆钱瑛同志对我们的教导》，帅孟奇主编：《忆钱瑛》，北京：解放军出版社，1986年版，第139页。

（过去我们不管，现在我们将自动接收这一工作），全国性组织建立后要加以整理，更因为新的更尖锐更大的斗争将在面前，必需有所准备。因此，趁我声势还浩大、上层分子已有配合、群众情绪还高涨、敌人内部对学潮政策有分歧、还未统一的时候，主动决定暂时停止罢课，一面上课，一面斗争，上、罢带弹性斗争策略。[1]

以后，除了抗议国民党当局逮捕和迫害学生事件而在各地举行一些学生罢课、教师罢教和积极进行营救被捕学生的工作外，经过耐心的说服教育，在6月2日那天全国绝大多数地区并没有发生罢课、罢教、罢市和示威游行等活动。6月1日，华北学联所属北平各大专院校代表和北大学生两千人在北大沙滩广场集会，最后宣布华北学联决议：取消6月2日的示威游行，在校内罢课一天，并举行反内战抗议大会。8日，刚成立的上海市学生联合会召开各校代表联席会议，根据"休止罢课，继续斗争"的精神，号召全市各校为要求立即释放被捕学生而在10日罢课一天，然后休止罢课，回校继续斗争。这样，国民党当局便失去了

---

[1] 中共上海市委党史资料征集委员会编：《解放战争时期的中共中央上海局》，上海：学林出版社，1989年版，第370页。

实行大规模镇压的借口。

6月18日至20日，中国学生联合会在上海召开成立大会，建立起全国学生的统一组织。各校在这次运动中涌现出来的积极分子，纷纷组织各种社团和小型读书会，以多种形式组织起来，使学生的爱国民主运动能更加深入持久地开展下去。

学生的反饥饿、反内战、反迫害运动，博得了社会各界的热烈同情。

著名经济学家马寅初在5月25日从上海到达南京，在中央大学大礼堂发表演讲说："当前的经济危机，不能归咎于普通的农民、米商、粮官甚至粮食部，也不能怪高利贷、官僚资本、证券交易所、黄金政策。归根结底，这就是内战造成的恶果。""内战不停不得了。内战一日不停，风潮一日不息。"他还对记者说："我是国民党员，除此并无组织关系。我只站在正义的立场上谈话。所以他们对付我和对付马叙伦先生的不同，那就只有手枪。"[1]

著名新闻工作者王芸生5月22日在《大公报》上发表《我看学潮》的文章说："在这时，青年学生发出'反内战，

---

[1] 中国第二历史档案馆、中共南京市委党史办公室编：《五二〇运动资料》第1辑，北京：人民出版社，1985年版，第391、392页。

反饥饿'的吼声，这不单是青年学生的要求，实是全国善良人民的共同呼声。""在这个时代大现实之下，青年们发出'反内战，反饥饿'的吼声，悲悯痛苦，兼而有之，我怎能不同情他们？"[1]

著名文学家茅盾在5月28日发表他对学生运动的意见："学生运动发生以后，就有人指为有背景。究竟学生运动有没有背景呢？我以为无论什么运动决不会凭空发生，运动之发生必有社会的政治的原因，而一年来政治上之失尽人心，经济崩溃，物价狂涨，内战火热，使全国人民到了活不下去的地步——这一切就是学生运动发生的背景。"[2]

各大学的教授对学生运动更普遍有着强烈的共鸣，有的写文章或发表谈话表示支持，有的发表抗议政府暴行的宣言，有的断然罢教。5月28日，平津教授费孝通、吴晗、陈岱孙、金岳霖、邓之诚、俞平伯、黎锦熙、陈序经、卞之琳等585人发表联合宣言，呼吁和平，要求制止内战，称："同人等深知今日一切纷扰现象，根源胥起于经济危机，而经济危机则又为长期内战之恶果。一切工潮、学潮均为当

---

[1]《大公报》1947年5月22日。

[2] 中国第二历史档案馆、中共南京市委党史办公室编：《五二○运动资料》第1辑，北京：人民出版社，1985年版，第403页。

前时势下必然之产物。"[1] 5月31日，复旦大学教授洪深等100人在罢教宣言中沉痛地宣称："同人等一心一意求学校之安定，谋人心之缓和，而纠纷与恐怖之来，与同人之努力完全相反。""似此人身毫无保障，不惟对于其他各生（未被逮捕者）苦难劝其安心上课，同人等悲愤之余，亦无心讲学。爰于本日由本校教员集议，一致决定立即罢教，以示抗议。"[2]

学生运动是人民运动的一部分。它的发展不能离开整个人民运动的发展。

在抗暴运动到五二〇运动之间，台湾民众在这年2月28日，为了反对国民党当局的暴政和杀害无辜平民，奋起反抗，围攻专卖局。接着，在台北举行罢工、罢课、罢市，全岛许多地方发生暴力事件。国民党当局调动军队在基隆登陆，进行血腥镇压。死亡人数至少有几千人。这件大事在台湾政治生活中留下了难以消除的阴影。

在这年上半年，国民党统治区的工人运动、城市贫民斗争和抢米风潮、农村抗粮抗税抗抽丁等，在各地风起云涌地展开。拿上海工人来说，据《大公报》6月间报道："沪

---

[1]《大公报》1947年5月29日。
[2]《新五月史话》，上海：上海市学生联合会，1947年6月编印，第21页。

市工潮渐趋扩大。各业资方对政府公布五月份生活指数二点三五万倍均表不胜负担,而工人方面则坚决要求照指数实发工资,致纠纷蔓延益广。自九日起全市机器、染织、丝织、铅印、皮革、笔墨等业工人均相继发生怠工、慢工、饿工情事。""丝织业男女工人群集赴社会局参加谈判,有工人代表七人遭警局拘捕,该业工人一度包围警局,曾起骚动。"[1]天津工商界为了争取外汇配额、粮食供应等以求生存,组成以著名企业家、政协代表李烛尘为团长的代表团赴南京请愿。各民主党派和无党派民主人士也采取密切合作的态度,积极参加到爱国民主运动中来。国民党政府已是众叛亲离,陷入空前孤立的境地。

中共中央对这次反饥饿、反内战、反迫害的群众运动做出很高的评价。

5月23日,新华社发表时评《蒋介石的末路》,写道:"中国近代只有三次群众运动可以和今天比较,就是一九一九年的五四运动,一九二五年的五卅运动和一九三五年的一二·九运动。但是这三次运动中的群众都没有像今天这样提出如此普遍的反饥饿口号,也没有公然看到人民有如此强大的力量,公然看到反动的统治者如此摇摇欲倒。这就

---

[1]《大公报》1947年6月12日。

是这次群众运动的规模气势'为以往任何时期所未有'的真正理由。"[1]

5月30日,毛泽东为新华社写了一篇题为《蒋介石政府已处在全民的包围中》的评论。评论写道:

> 和全民为敌的蒋介石政府,现在已经发现它自己处在全民的包围中。无论是在军事战线上,或者是在政治战线上,蒋介石政府都打了败仗,都已被它所宣布的敌人的力量所包围,并且想不出逃脱的方法。
>
> 中国境内已有了两条战线。蒋介石进犯军和人民解放军的战争,这是第一条战线。现在又出现了第二条战线,这就是伟大的正义的学生运动和蒋介石反动政府之间的尖锐斗争。学生运动的口号是要饭吃,要和平,要自由,亦即反饥饿,反内战,反迫害。
>
> 学生运动是整个人民运动的一部分。学生运动的高涨,不可避免地要促进整个人民运动的高涨。[2]

中国共产党在1947年5月提出"现在又出现了第二条

---

[1]《新华社评论集(1945—1950)》,北京:新华通讯社,1960年7月编印,第166、167页。

[2] 毛泽东:《毛泽东选集》第4卷,北京:人民出版社,1991年版,第1224、1225页。

战线",这是一个具有全局意义的战略性判断。

从1927年建立农村革命根据地以后,在中国共产党领导的武装斗争同时,国民党统治区(抗日战争时期还有敌伪统治区)内一直存在着中国共产党领导的各种群众运动,起着重要的配合作用,但并没有把它称为"第二条战线"。为什么到1947年毛泽东要提出"现在又出现了第二条战线"呢?因为到这时才形成国民党政府处在全民包围中这种局面,才足以把这条战线称为"第二条战线"。

第二条战线的出现是人心大变动的结果,又进一步促进了这种变化。它用活生生的事实揭露了国民党政府和民众利益的对立,扩大了中国共产党的影响。大群大群过去没有参加过爱国民主运动的青年学生,摆脱对国民党统治还抱有的那一点希望,卷入到这场斗争中来。轰轰烈烈的群众斗争,壮大了学生中的进步力量,在复杂险恶的环境中进行探索和奋斗,培育并锻炼出一大批人。为数众多的当年活跃在这场斗争前列的先进分子,具有较高的政治觉悟和文化知识,在全国解放后成为革命和建设的重要力量。

当然,第二条战线并不是直接拿起武器来反对国民党政府。它对第一条战线的武装斗争所起的仍然是配合作用。如果没有第一条战线上军事斗争的节节胜利,很难会有第二条战线的出现,更谈不上它的胜利了。但这种配合作用是十分重要的。千千万万手无寸铁的青年学生，为了爱国、民主和生存，毫不畏惧地起来反对国民党政府，把全社会大多数人的同情争取到自己方面来，使国民党政府更加众叛亲离，加速土崩瓦解。这两条战线相互配合并不断推进，国民党政府便内外交困，深深陷入全民的包围中。这就为人民解放战争在全国范围内的迅速胜利创造了重要的条件。

（本文原为生活·读书·新知三联书店出版的《转折年代——中国·1947》中的一节，现收入本书。）

解放战争时期学生运动一页[1]

——日记：1947年12月21日—1948年1月29日

说明：今年3月，我到中学好友丁彬荣家中去。没有想到，他还保存着我1947年至1948年间40天的日记。那是1948年夏天存放在他那里的。他把日记和一些别的文字材料一起藏在浴缸底下，外面用瓷砖封上，新中国成立后才取出来。

写这些日记时，我是复旦大学史地系一年级学生。这40天，刚好是解放战争时期复旦大学学生运动的一个重要转折时刻。自从1947年5月、6月间的反饥饿、反内战、反迫害运动高潮后，国民党当局对复旦的学生运动进行了严厉的摧残：一些同学被捕囚禁；不少进步同学被迫离校，有些去了解放区；学生自治会被强行封闭，停止

---

[1] 原载《中共党史资料》2003年第3、4期。

活动。我在九月初入学时,学校中的政治空气一时相当沉寂。11月间,浙江大学学生自治会主席于子三被国民党当局在狱中杀害。复旦同学罢课一天抗议。校方立刻开除并处分了一批同学。学生运动在如此高压下又平静下来。12月下旬的严冬时刻,上海街头每天都可以看到冻死的难民,惨不忍睹,同济大学同学首先发起劝募寒衣运动。复旦大学地下党抓住劝募寒衣和不久后的抗议九龙城事件这些合法活动,发动并团结校内大多数同学,冲破原来沉寂的空气,打开一个活跃的新局面;在积极分子中,又建立核心组织,举办各种读书会和社团,提高大家的认识,形成行动中的骨干力量和广泛网络,使运动能广泛持久地开展下去。

1948年1月29日,复旦同学参加支持同济大学抗议校方大批开除同学而进京请愿的活动,国民党当局调动几千军警残酷镇压。我那天始终都在现场,亲眼看到:国民党军警的马队冲入四平路上密集的学生群内,用马刀乱砍;同学们退回同济大学礼堂举行抗议晚会时,淞沪警备司令宣铁吾突然登台厉声讲话,军警们冲入会场强行搜捕;同学们被驱出会场后,在严冬寒冷的广场上被分成一堆一堆坐着,面对周围国民党军警一圈雪亮的刺刀,就像电影里"鬼子进村"那种场景一样;最后,在深夜被军警武装押送回校时，听到前后行列中同学们悲愤地低声哼着《跌倒算什么》的曲调。这些，都是我终生难忘的。日记也记到这一天为止，但对当天的情景却完全没有写，只用特别大的字写了一行"同济惨案发生"，大概是觉得尽在不言中了。

同济事件后，复旦大学的学生运动便一直向前发展，再也没有出现过以前那种沉寂和低落。我在这次事件后被校方记了一个大过。过了三四个月，便秘密参加了自己梦寐以求的地下党组织。这年8月下旬，我被国民党政府特种刑事法庭传讯和通缉（复旦大学在那次名单上的同学有三十多人），被迫离校，到解放后才回到学校。

这次发表的日记，完全保持原貌。除隐去两处人名，改用×××来代替外，没有改动和删节，连文字不很通顺的地方也一仍其旧，以存其真，反映出当年一个青年大学生思想和活动的真实状况。读者可能不明白的地方，增写的文字用方括号（[ ]）标明，加以区别。我写这些日记的前几天才满17岁，各方面都很幼稚，对周围情况的了解又有限，对人和事的观察和看法未必都恰当，甚至可能有说错的，只是记下了当时个人的看法和听到的话，这是必须郑重说明的。

2003年7月

对于这个月的生活计划,我想和前面的上半年生活计划一样,分做三方面来叙述:第一,理论基础的修养方面,我打算这一个时期先把哲学的书籍好好地看一下,扎下一个稳固一些的基础,再进而研究政治经济等一切的社会科学。而读书的方法,最好还是和李正开 [注:合作系同学,去解放区后改名戴云] 那样的组织一个读书会,一面读一面写些笔记,那进步才能快些。其次是实践的学习方面,我决定以后系会中无论有什么事要我做,我一定都得给他们尽力地去做。我工作的经验是太不够了,可是我想我只要能苦干硬干实干,尽力地去做就行,好在经验也是由实践得到的。至于平时的待人接物,我想还是照前面所说的去做就行。

(1947年)12月21日 星期日

紧锁了好几天脸的老天,今天总算露出了一丝笑容。风吹在脸上,虽然还是冷飒飒的,但是也不像前几天那样好像刀刮似的,只是地上冻的冰解冻了,泥泞泞的怪不好走。老校长[李登辉]的追悼会在下午2时开始了,我和[郑]孝书很早就去等着。人到的倒确也不少,于右任、邵力子都到了,都起来致了词。其他致词的还有李熙谋、欧元怀、王晓籁、赵晋卿、江一平等。于右任出来做了这么多年的官，还是一口的陕西话。邵是我今天最注意的一个，口才可是也不见得如何好，头发却全白了。江一平报告时说起五四运动时，他和章友三〔注：即我入学时担任复旦大学校长的章益〕等一百余人为圣约翰大学开除，去见老校长，老校长就把他们一百多人整个儿地收进了复旦。唉，老校长的民主自由作风的确值得我们追念；可是我奇怪章友三他现在为什么不回念一下他自己当时被开除时的情形，现在对待同学是这样的一副嘴脸？大概他当时只是为了风头主义，现在这样可以出风头了，就这样了。周予同先生说过："一个人年轻时代前进是不奇罕的，只是年纪老了，仍然能追随时代前进那才是伟大。"真是一点也没有差。

散了会出来遇见〔叶〕锦镛，和他谈了一回，又到正开房中去，四个人——我、正开、〔张〕方舟和另外一位同学，围着一张小桌子，将各人的读书笔记交换着看，再由正开作一个总结的检讨。这样的好处的确很是不少。看好了以后，正开突然拉了我下去，在一个暗角告诉我，要我参加民青的工作，他说："这以前是民盟指挥的，可是在上学期民盟犯了很多极大的错误，他们处处要顾'法'，这是五四时代、一二·九时代的作风，现在反动者的行动更疯狂了，还要守着他们的所谓'法'自然会犯上很大的错误，现在这里面可能有中共的人员来参加，可是只要在要求民主的大前提下，我们无论什么人来都是很欢迎的。这民青的组织各个学校中都有，是全校性的，每个系有一个负责人，你如愿意参加工作，那么你可以先做调查你一级同学的工作，再找关系是一定能够找得到的。"这本来是我意中的，所以我很镇静地表示在原则上能够接受。细则他还没有详细告诉我，反正这是给我一个学习的好机会，我为什么不参加？

12月22日 星期一

青年军联谊会、锻炼社、新血轮社、祖国社、自由风社这五个宝贝抢先贴出了发动劝募的布告。农学院一群同学（包括八叔［注：在农学院读书的金雪南］）立刻也贴出了布告号召同学。到四五点钟遇见正开，他告诉我合作系已经发动了，布告等已贴出，新闻系、文学系等已决定响应，叫我通知一声［史地］系中快些响应。我一想，我们系干事中最热心的同学是［陶］承先，我就去找了他两次（同时又通知他在饭后将系徽图样交给傅道慧），可是他们都不在。到7点钟去看正开，他告诉我已经在学校中开过会，承先也出席的，决定明日全校发动。

12月23日 星期二

在淞庄［宿舍］门口，逢到承先，他告诉了我一些昨天开会的情形，叫我请胡继安写一张布告贴出去。午后，校中系科各社团的布告都出来了。3点钟，［黄］廷玺拿了系徽图样来叫我们签名，在最赞成的一种图样下签名。其中有一张是刃锋先生刻的，好得很，同学签名的最多。［董］旭华画的一张也很好，可是事实比起那一张，的确是差些了。4时左右，同济［大学］的打气队来，从校本部经淞庄到德庄［宿舍］，沿途唱歌演讲，报告南市、闸北一带难民之凄苦状况，令人闻之酸鼻。校方企图阻止他们［注：指同济的打气队］进入宿舍，但是他们还是进入了。在他们贴标语的时候，有一个校役上来阻止，但是他们还是贴了。在走入德庄的时候，四面立刻报以热烈的鼓掌，他们演讲完毕，四面就纷纷将旧衣从窗口中抛下，复旦的同学毕竟还不是死的！

吃了晚饭，就和旭华到［郁］品芳处去参加系中的检讨会。出席的除了我们，还有廷玺、［赵］人龙、［胡］绳武、承先、［吕］明伦、［叶］万新、［陈］代芳、［陈］明芳、道慧、［卓］家纬和［张］靖琳。起初讨论的是联欢会问题，决定在30日晚，每人纳费11000元（包括下次举行之期终大会)。后来对于劝募寒衣运动决定先将同学中的东西收齐再出动往外,淞庄由我、明伦、[黄]光潮负责收齐。最后讨论至十日谈,我们的元老派赵人龙,突然主张在十日谈中以后不谈现实,他的理由,据说是我们的本分是研究历史,现在只会空谈,结果是一无所用,连本分都不能尽。承先是反对他的。起初我保持静默,后来靖琳也旁敲侧击地抨击承先,承先似乎有些生气了,站起来说:"以前我以为十日谈是谈些与现实有关的东西的,现在既然大家主张不要谈,那么我们以后就不要再谈现实就是了。"我忍不住了,就站起来说:"赵人龙同学所说的我们应该就本分努力,这,我当然不能反对。但是,我以为充其极,我们只能讲在十日谈上不能以现实为惟一话题范围,而不可以就说我们以后不应谈谈现实啊。因为我们无论如何不能将现代史这一章从历史上剔出去,并且我们也不能只做一个和现实脱节的古人啊。我们研究历史的主要目的无疑是希望能从历史的趋势中看出中国现在将往何处去,那现代史反正是最重要的一章,要知道今天是现实,明天就是历史,所以我以为我们不应该把历史和现实可以一刀分开。"靖琳他怎么讲!他竟说"那么新闻系也好叫历史系了"。这是什么话。我只笑了一笑说:"这是研究的主要对象不同,新闻系主要的是采访和编辑,却不是时事研究。"结果一场激辩,直到散会，还是没有结果。但是十日谈不谈现实的结论算是打消了，这我也可以满足了。

在回宿舍的途中，明伦和我谈起，他要组织一个读书会，打算将中国通史先念通它，叫我向一年级同学征询愿意参加的，我答应了他。这倒的确是很好的。因为如果只有历史方法论而没有史料的研究，真如翦伯赞先生所说，只有房屋梁柱结构而没有砖泥，那当然是不行的。（这和我上面的意见也没有矛盾。）

12月24日 星期三

将明伦的话跟同学一谈，出乎意料的竟有了九人愿参加。

在晚饭以后将寒衣收一下，可真糟糕，有许多人捐给别系同学了（如李学阶、魏绍杰等），有许多人没有（如[高]有为、方舟、朱光基、旭华等），所以成绩不大顶理想，真是惭愧得很。

正午3时，训导处召开了各系科社团的联合大会，会中同学要求成立一个总的机构，[训导长]何德鹤只允许两个单位各成立一个单位，各自为政，而不许有一个总的机构。同学当然表示反对，他竟说"哪个反对的，请立即退出大会"。结果退出了几乎全部,成立了国立复旦大学十六系科十九社团联合劝募寒衣大队。他们〔青年军联谊会等〕五个社团成立了孤家寡人的复旦大学寒衣劝募委员会,真是可笑。合作系的劝募快报和土木系的劝募特刊都已经出来了,同学们毕竟又站了起来。

12月25日 星期四

〔英语老师〕李振麟先生没有来,和承先把读书会的事谈了一下。他主张将范文澜先生的《中国通史简编》为研究时凭藉的纲要,依着他的中心为程序,自己去看书,一同讨论讨论。其他,他又主张读些社会史(以邓初民先生的《社会史简明教程》为中心),平行进行。同时他又表示寒假中他们还有一个读书会,打算念些历史哲学(在30日他告诉我打算以米丁的《历史唯物论》为中心)。这样的话,那真太好了。

吃了晚饭,进行签名愿明日至上海劝募的,除了黄冠玉、学阶、绍杰外全参加了。又和旭华到德庄去找赵人龙(为了系徽的事情),找了两次都不在,还是约好的呢。这批元老派讲话头等,做事不行,毋怪有人要叹息"四年级是老了"。

12月26日 星期五

［被封闭的学生］自治会开放为联合大队的办事处了。门口屋里都拥满了人，嘻嘻哈哈的。交大自治会给全体同学的慰问信贴在墙上。

我们在一点多钟就聚集在大草坪上，坐了校车向市区出发。到了四川路底调换电车。卖票的人也很同情，不要我们买了。到了外滩，我们就分做两队：十七小组是我、［晁］兴彝、［关］郁南、旭华、有为、［韩］伯英、道慧、［李］学芳、明芳；廿二小组是光基、方舟、［郭］汝浩、明伦、［张］沛箴、家纬、代芳，以及两位女同学（其一是管继英）。

我们这一小组就沿着金陵东路往西出发，先到一个大楼中去一个一个写字间去捐。可是都只捐得一些钱，没有衣服。有许多伙计很好，自己捐了，还指示我们进去找经理。可是也有很可笑的例子，像我拦住一个顾客请他捐，他胸一拍"我是警察局的"，好像警察局的就不是人，就可以没有同情心。

后来走到一条街上（大概叫永安街）。这条街上都是些绒线铺、衣着店，成绩都很好。有一家老板送了十件新的棉背心，还有捐到三打新袜。有许多伙计推说老板不在，我们就说："这不一定要老板在，就是各位个人也能够帮一些忙的。好在这只是基于各人的同情心，能尽多少力就尽多少力。"有的推说自己贫困，我们就说："是的，现在哪一个人家（除了贪官污吏）活得下去？他们有钱人有了钱只会跳舞白相，哪会想到穷人的苦处？现在只有穷人倒反才能帮助穷人的忙。"有的跟他们讲一些难民的苦况，结果可以说都捐出来了。可是也不是没有例外，像有一个人竟会说"我没有同情心"，我真佩服他何颜之厚！也有一个叫我们去打共产党的。结果共募到了153万[块钱]和68件东西。

回来时遇见别队同学，又听到了两个令人感动的故事：他们捐到一个老太太，亲自把身上的棉袄脱下来，还要脱第二件，他们不好意思再要了。还有一家人家也很苦的，母亲上去找了些衣服出来，小孩子哭了，母亲只好劝他说："我买新的给你，我买新的给你。"这是多动人的图画啊。

回到校中，看见家纬们，他们五位女同学和明伦他们挤散了，捐得了一百六十多万元和许多东西，我们就把他们的并在我们的一组内交了上去，现款三百二十多万是全校第一（衣服衣院小组五百余件第一）。后来明伦他们来了，只有36万和一包衣服，惨得很。可是事实上只要大家尽过力就是，我们原不是为比赛成绩而募捐的。晚上本来要召集各小组负责人开一次检讨报告的大会，后来因为大家都累了，就此作罢。

12月27日 星期六

本来史地系负责的是劝募（其他为教育、化学两系），调查是社会、统计两系负责的。可是，统计系因为人手太少，就叫我们帮忙。他们的负责人叫华荫昌，很好的一位同学，昨晚十点多了，忽然拿了一张承先的条子，叫我召集起同学来（他特地指出要无所谓一些的同学来），我就去叫了旭华、伯英、有为、学阶、绍杰、冠玉一同来，到了7点钟，我们都等在自治会门口，明芳、道慧、家纬、颜洁、郁南、靖琳、光潮、代芳等都来了，承先也和我们去。

坐车子到了南市，就分散为若干小组，我和旭华、伯英、冠玉四个人，由南车站路沿车站东路往东到海潮路折回一带调查。那面的难民真太苦了，他们怎样住？就在地上挖了一个洞，上面用两根竹子撑起了几张席子，爬进去头会碰到顶，里面一无长物，睡在泥上，至多铺些稻草，年轻的人出去讨饭，女人把一件衣都没有的小孩拥在胸前。这种样子，真难怪前几天每天会冻死一两百人啊。尤其奇怪，我真有些弄不懂，一下雨，他们的住所是如何的不堪设想啊！他们起初不明白我们的来意，后来明白了，就立刻将我们围起来。"老板，给我再写一双鞋子"、"老板，你看看我这个裤子"。有的絮絮地告诉我们，他们原来是皖北、豫东一带的居民，因为旱灾之后继以黄泛不能过活而逃出来的。一双双哀求的眼睛，我看见了就打寒战。可是我们募捐的东西太少了，又不敢放胆地写领物券，只有硬着心肠一家一家地发过去。唉，我们的力量真是太微小了，真是"安得寒衣千万件，尽济天下无告民"。

发好了，回到大同附中门口，等了一下，大部分同学都到了，只有道慧等几个还没有来，我们就走了进去。我们起先站在操场上唱歌，后来一位先生出来了，我们就和他交涉，要求大同同学动员起来，并且表示我们后天打算在他们那儿发衣。他起初总是推说他们大学部也要发动了，后来没有法子只好原则上表示同意，可是还要和校务会议商量一下，这种滑头话。可是我们标语什么都没带，人又太少，只好退了出去。其他同学仍等在门口那儿。我和承先去找道慧们，寻了一圈，还是没有找到。回来时，恰巧逢到交大的打气团从爱国女中开到了，人一多，气就壮，就一齐再进去。两个茶役企图来阻止我们，我们不顾他们地冲了进去。我和交大的一位同学（钟薑，土木系）去找他们的训育主任王某交涉，他们大队在外面唱歌、贴标语。那姓王的，戴了一副银丝边的眼镜，狡猾得很，起初还是推推推，后来我们要求在吃饭时在膳堂中报告一些我们的经验，他进去和一位姓郁的先生玩了一会儿把戏，出来总算答应了。我们就排了队,唱到他们的膳堂中,站在讲台上,先唱了几支歌,再由一位交大的同学和承先演讲了一番,才退了出去。附中同学的情绪也很热烈。我们出了他们的校门就一路唱着《团结就是力量》和《月儿弯弯照九州》,直到中华路才分手,临别大家又叫着:"××好,××妙,××××刮刮叫!"真是兴奋得很。

我就回了一次家,家中妈妈到洙泾去了,没有回来。弟弟、妹妹都在江苏路。我坐了一会儿,去找了一次［柳］启丰,就去看旭华,和他俩人到生活［书店］去买了一本《生活日记》和一本《中国社会史纲》第二卷而回校。在旭华家中看到一份燕京新闻中间有一篇东西,做的标题是"复旦章校长,气死李登辉",真是有意思得很。

回到校中,本来他们有一个晚会,忽然说校方不答应了,就此作罢。我们就到南轩楼上印务股,帮他们贴挂在胸前的宣传牌,才知道昨天上午 11 时校长迫我们改称复旦大学寒衣劝募委员会第一大队,说是若仍擅用旧名,便是另有企图。到了今天,又迫我们改称第二大队。好吧,我们原是只想为人民做些事,这种名目小节,我们原是不必顾到的。到 9 点钟,白报纸突然不够了,郁南就叫我和旭华到上海去买。

我们在校门口等了半小时的车,没有。恰巧土木系有两位同学（王公康、邱宣瀛）要到大公报发消息和接洽祥生公司汽车，我们四人就拦了一辆小汽车，到了四川路底，就下车走过去。这一路真苦。一家纸张店也没有。可以买到白报纸的文具店也打烊了。直到虬江路过去，突然发现有一家印刷店没有打烊，我们就不顾地推了进去，向他们要求买一些白报纸。他们起初不答应，说："印刷店从来没有卖纸的，我们自己买来的也是为了要用的。"我急了，就说出我们是复旦大学劝募难民寒衣而用的，终于让到了对开的100张，算了10万块钱，半送半买的拿了。再由武进路往西，又在一家印刷店中买到了八开的150张，也是同样的过程。又顺便去看了一次［苏］志明，但只坐了五分钟。最后沿着河南路南下，直到北京路，但一路的纸店都关上了。只有一家印刷店，但讲得唇干舌烂也没有让到。回到四川路底已经11点半了，等了一回，空军车子过的都不停，我们就叫了一辆三轮车回去。三轮车夫起初要不少钱，后来我们一言明是复旦大学为发寒衣的，他就连价都不还的答应了两万元坐到江湾。到校的时候已经12点了。宿舍的门早已关了，我们就在篮球场附近越过铁丝网再回到新闻馆。

馆中人已经很少了，只有郁南、万新、承先和梁启东等少数人在。我起初帮他们写蜡纸（一篇《告全国同胞书》

和一张歌谱），后来又和旭华两个人裁纸，直到4点钟才睡觉（本来我想开个通宵，到明天上午睡觉的，但万新要我明天上午跟大队出发，只得先睡了）。人真是累得要命。

12月28日 星期日

各校今天都是发动总劝募的日子。大概是8点钟，同学们就聚在广场上，一齐练习几支歌，由农院同学（鲁在玉）报告经验后就整队出发。史地系的同学都在四川路底下车。不料今天电车大概因为星期日军人都外出的缘故，挤得要命。我们大队一挤就挤散，我的校徽也就挤掉了。上了车一清点，只有我、伯英、学芳、明芳、道慧、家纬六个人。到了外滩，我们只得先在校车站上等了一下，继安和［刘］敬业算来了。他们大部分人还是等不到。

我们就在墙上用粉笔留了几句话，就出发到辣斐德路。不料一问，交大同学都来捐过了，再换亚尔培路也是一样。接着几个钉子连着碰，大家的气真是差不多走完了。后来到了一条弄堂中去看一下，不料这一条弄堂里有一两百家人家，并且都没有捐过。我们的精神立刻都陡地振了起来。一家一家地捐过去，结果成绩却出乎意外地好。有许多人家追着问："是不是你们自己去发的？"有的起初以为我们是难民收容所来的，不肯捐助，后来知道是同学就追出来送衣服。政府诸公的威信堕落如此，可笑可笑。但是另一面，也可以看出社会界对学生的信任和同情。这实在也是给我们一种精神上最大的鼓励和支持。

中午，家纬发起到牛肉面摊上吃阳春面，几位小姐居然赞同，这倒也出乎我意料，值得向她们致敬。午后到他们对过的弄堂中去捐，人家对我们都非常客气，弄底有一家人家，有许多十五六岁的小孩子在窗口伏着看，知道我们是复旦的，都把衣服抛下来，我们就在弄中唱起歌来，由敬业和继安去一家一家收。有许多人家都把衣服从窗口中抛出来，也有许多人家都叫仆人将衣服送出来，结果一共募得了六大捆，钱比较少一些，满载而归。

途中遇叶春，他给我从家中送了许多饼干来。我们去结账时，承先和正开告诉我，今晚的《忆江南》电影放映打算改为晚会，叫我去当纠察。我就把自己的一张票给了叶春，结果在放电影之前，一位同学报告劝募经过和领导唱歌时，同学情绪不高（因为来的多半是公子哥儿的阔少们，目的是看电影，而一般好同学都是穷措大[1]，无钱买票也），就把电影继续放了下去。这剧本是田汉先生编的，描

---

[1] 比喻贫穷的读书人。

述一个小资产阶级的前进诗人如何禁不住物质引诱和威吓（并且还有其他阶级本身通病之一——惧怕铁的纪律，富有散漫性）而终于腐化，葬送了自己，而加以穿插的一个故事。

12月29日 星期一

和学阶、伯英、有为、汝浩、家纬、［周］杏妍、［汤］美珍等许多人以及许多统计系的同学，在午后到南市去分发衣服。我们先到青年会去领衣服，不料那面的负责人做事太马虎，把三组所要的东西混合在一起了，大家不知道要拿些什么。我们没有法子，就和土木系把东西大概分了一下，就叫了一辆祥生汽车先送土木系到了邑庙分局。

我们再到内地自来水公司，那面我们有一个会计系三年级的曹同学在那面服务，所以他们非常帮我们忙。我们把东西放在一间小房间中，门闭上，只开一扇窗，外面用××［注：可移动的铁丝网］这种东西拦起来，就由前天来调查的同学出去通知各个难民。我又到大同附中去了一次，想找些人帮忙。他们的这位王训导主任自己不肯出来，又不许我进去。后来茶役告诉我高三已经下课了。我想人恐怕也够了，就不进去了。回来时，难民已逐渐来了。我们就叫他们排了队，凭条子领东西。秩序倒还可以，不如想象中那么乱。只是每个人领东西时都要再哀求多一些，或调换一件。我们只有硬着心肠推开他们，叫他们领到的就走。后来有一批难民一点也不苦，他们有人手上带着银镯，头发油亮。我真奇怪这种调查人员的票子如何发的。大概他们没有看到过最苦的难民，没有比较地看一下。后来票子都收完了，人还有许多等着不肯走。他们就叫难民排起队来再发了一次。其实这是不公平的。这些人事实上都不是最苦的。我和家纬力主不能再发了。结果决定明天再来，一面调查，一面分发。回去的时候自来水公司叫他们公司里的车子送了我们回江湾。车中和家纬谈了一会。他是苏北人，那真是出乎意外（我这四个字是写了第三遍了），这次也考上了中大［注：中央大学］外文系，可是他家中叫到这里来，他倒真也是热心得很的。

12月30日 星期二

通知同学的时候，大家都累了。伯英走了四天，今天也不愿去了。结果只有承先、汝浩、方舟、家纬、我、荫昌、学芳、道慧、老大姐廖闽琼（这学期毕业）以及园艺系的葛根，新闻系的丁淼、徐泌，直接到了南市。好在昨天剩余的许多东西都余在那面还不少呢。家纬、葛根、方舟、冠玉成为一小组，丁淼、徐泌、道慧、汝浩成为一小组，出去调查；荫昌、闽琼到青年会去拿衣服（这是第三批了，昨天我们因为衣服不够也用自来水公司的车子去装到过一批）；我们三人留守，谈谈去年5月中〔反饥饿、反内战运动〕的经过。后来衣服到了，难民也陆续到了。好在有了昨天一天的经验，不像昨天那样乱了。到傍晚衣服还有不少，几位调查的同学就再出去发条了。道慧、闽琼先回去了。我们发到六点多钟，把门口的难民又发了一批，还有三麻袋，就由承先、荫昌叫了两辆三轮车送青年会。

我们急急忙忙地赶回学校去参加晚会。到的时候在演一个 Muse〔注：学生的一个文艺团体〕的活报，讽刺各位局长大人、市长、校长，大家都像在办这件寒衣事，目的则何在哉？在乎金钱二字而已矣。接着是几个歌和朗诵。最末两个节目是剧专来表演的一个短剧，一个王大人极似我们的"最高领袖"，一张横匾"天下为此公"，真是妙不可言。演讲也是好透，真是妙绝人寰。最后是朗诵艾青的《火把》，那真是好透了。大家的情绪都高到透顶，在"团结就是力量"歌声中逐渐散会，走时我看见梁绍文〔注：复旦大学训导处课外活动组组长〕这狗和一群同类坐在后，我在唱"去！去！去去去！"时用眼瞪着他，这家伙。可是他一听，以后晚会恐怕更难为校方批准了。

12月31日 星期三

"一个和尚挑水吃,两个和尚抬水吃,三个和尚无水吃。"前几天在南市,人没有几个,有分发、有调查,居然还算能井井有条,今天全体人员总动员的到浦东去总分发,联络站在青年会小学,里里外外挤满了人。系中的同学都出去调查了,留下我、家纬、[陈]金灿、靖琳四个人,但是各系人都来了,负责人太多,分配工作也不知道,工作找不到。宣传队到了,这倒有劲,一位女同学(朱秀珏)拿了扩声筒教小学生:"十万块大票发出来呀……"一面唱一面解释,旁边司徒汉们将锣鼓家伙敲起来,热闹非凡。另一面,难民排队领衣时,农院的一位麻脸同学(鲁在玉),指着一幅很大的画着十万大票压死着一个老百姓的漫画,向他们演讲:"穷人富人生下来是一样的人,为什么现在他们有许多东西可以吃而你们没有东西吃呢?就因为他们把你们的一份东西也吃了去了。"深入浅出,倒的确有道理。

一个上午没有做些什么事。午后统计系调查队回来了,说找不到难民,只发出了四张票,后来叶万新、关郁南他们也回来了,说一个上午也找不到一个难民,只有贫民。这真是糟糕,这批前几天来调查的人不知道怎么搞的,这也是我们不是一直在有组织状况下搞下来的，所以有些乱了。各方面的联络似乎也太不够。上次（29日），青年会的弄错也是一个例子。所以以后每一个地方，不在事前调查明白马上把东西送去，是要造成错误的（今天东西集中浦东，约为南市之两倍，且原则上决定东西运至一地不能运回。事实上难民包围，东西运回也很为不易）。贫民的确也可怜，可是我们是救急的治标方法，一时不致冻死的人如果都救，那真是救不胜救了。统计系感到无事可做，先出发到浦东游玩去了，我们于是也就全师撤归。

［邱］慎初今天也来了。他最近表现得很消极，什么事也不搞。寒衣运动今天第一天出来。真奇怪。

六时多是系里的联欢会，我很高兴。嗓子前几天已哑到声闻一尺，今天吃了一只生鸡蛋，所以又叫得很响了。本来么，联欢会是需要狂欢一下的，靖琳今天来了一次大转变，叫我们不要忘了去年此时正在筹备反美大游行［注：指抗议美军暴行大游行］。毋怪明伦说他是聪明人。散会时大家又高唱《团结就是力量》。

（1948年）1月1日 星期四

［丁］彬荣回来了，和慎初两个人一早就去看他。还是

老模样，只是头发更长了，衣服也穿了一件蓝布长衫。他告诉我们之大［注：之江大学］的同学可以说都是血液没有了温度的人。浙大于子三同学的事，浙大同学去报告，他们的校长（！）站在门口，叫训导员上去将标语抢下来，一记耳光"滚出去"，同学们居然也无所谓。所以彬荣断然地说："我下学期不读下去了，还是回上海教书吧。这环境会使我沾上灰色的。"是的，在这种环境下，即使理论基础修养够了，但和实践脱节，成了教条主义的书呆子有什么用？至于我，还想读下去。这不是自私，因为复旦在上海各大学中（在全国也可这样说），是"黑"与"白"、"是"与"非"斗争得最厉害的地方。我打算念下去，可以学习学习再学习。他说他近来对经济方面的书看了很不少，我就建议在寒假中我们大家也组织一个读书会，并且交换各人所研究得到的心得。他们都很赞成。

午后，锦镛来了，似乎更胖了一些。一进门就摇着手说："阿呀，这次寒衣运动，我几乎把命送掉。"原来在寒衣运动发动时，青云路宿舍［注：暨南大学学生宿舍］中就发起，校方马上支持，于是就转移到二青［注：指三青团和青年军复员学生］手中。锦镛担任了联络部副部长，正部长及另一位副部长均为彼方人士。于是我们的英雄但家瑞先生有一次就请锦镛到一间小房间中，里面已有了十几个人，但（家瑞）拿出手枪来，叫他跪下，历数他的"罪状"说："你不打听打听我姓但的是什么人？暨南大学里有你的天下？我现在一记耳光上来，要你落四个牙齿，你就不准落两个。我两个手指就可以夹死你，知道吗？以后青云路有什么事就找你负责！"锦镛当然只好一切答应。真好家伙！可是锦镛的确也太露锋芒。暨大的客观环境比复旦更坏。有人说："交大校长是看风使舵的老滑头，同济是马马虎虎的糊涂虫，复旦是政治流氓的党棍子，而暨大则是十足道地的老特务。"的确一些都没有错。

晚上又去看了一次志明。路上慎初说明他最近的不管事不是消极，而是由于身体不好。像昨天跑了一天，痔疮就发作了。这倒是应该原谅他的。可是他为什么不早讲呢？

1月2日 星期五

［陈］德卿、志明、［丁］彬荣、［邱］慎初、［杨］宝锌上午就都来了，但是没有坐了多少时候。他们刚走，叶春就来了。他现在有了一位女朋友，是彬荣他们昨天告诉我的。我当然不说破，和他逗着玩儿，看他做戏，有趣。

午后，读《毛泽东在重庆》。毛主席真伟大，他谦虚，他肯下人，他爱人民，他不是教条主义者，他富有组织力。

是的，只有他才配领导解放区几万万的民众前进前进更前进。

回到学校已经不早了。去看承先，他在南市发衣服。正开这两天也在家中，不知道有些什么事。

1月3日 星期六

正开叫我加入《文学窗》，当然我心里是非常愿意，可是可恨的我的一支笔是实在太不行了，不配做新血，真是太遗憾了。和他谈了许多时候，他叫我下学期出来组织一个史学方面的团体，那当然很可以。他又说在寒假里（年假附近）打算发动同学组织访问团，对难民们一个个的备些小礼去访问，使他们知道我们不是"富人对穷人慈善的布施"，而是"穷人对穷人同情的帮助"。和群众不要脱节，不要成为空军！他又阐述这次运动的真实意义所在是触破几月来的沉寂。如果以募衣为唯一目的，当致力于经济公平分配，所以31日人少些就行，但因为目的是战斗性的，所以要动员这么多人起来。他又从《合作学报》被禁谈到一个学报必须有他的现实的战斗性，纯学术性的在目前的环境中是不能独自超现实地闭在象牙塔中的，《历史学报》就有这个毛病。

正开他的确很好的呢，至少我对他是相当敬崇的。

上海书报杂志联合发行所庆祝元旦七折优待，去买了《论群众哲学》《形式逻辑》《各国革命史》《政治经济学大纲》几本书。

去看彬荣（在阿邱家里），志明、叶春、宝锌都在。坐不了多少时候，就回学校，参加了自治会的检讨会。

我们衣服还有40麻袋光景，决定明天调查地区，调查衣服确数，后天总分发。

1月4日 星期日

我们的事我发觉又有一个缺点，就是不守时刻。几乎每次如此。像今天说八时出发，又拖到九时。

我们一共出去14个人。芮和中等土木系和新闻系为一组，我们（我、伯英等）和农院（鲁在玉、尉迟学温等）为一组，从共和新路往西，到了中山路上，一路找过去，那面是农村，都还可以。到江淮公所，两三百人住着，也可以。平江公所据说人很多，有千把个，过去一看，全是苏北地主，衣服完整，烧小菜，油盐酱醋无所不全，甚且有拿出香烟请客者，可笑之至。

回出来我中途退出，到北站去送彬荣、志明、慎初、宝锌、叶春都来了。他坐1时的车子走的。我们回到志明家中吃了饭，就去看谦哥［注：表兄潘德谦，在《大公报》工作］。他忙得很，年底的账很厚一大叠，据说至少有八九天要忙。我们不敢多打扰，就到外滩公园去坐了一会儿。

志明劝我不要太露锋芒，不犯着吃眼前亏。是的，反动者垂死前的挣扎往往是最残酷的，好在光明就在眼前，我们的确应当代国家多保留一些元气，来应付更重大的建国重担。

吃了晚饭以后，和旭华、承先去看明伦、继安，谈起我们系中同学先后开除者五人：项霸（上届自治会主席）、沈竹荪、李承达（均上届系会干事）、蒋当翘、王和光等都是精华人物，所以这学期元气大伤，李光慈去年为领袖中有数人物，人望极佳，但5月30日晚大逮捕时，他被蒙眼送上车子，开行一段再放回，所以这一次表现得不大好。继安想不到也很好的。他说今天同学的劲道所以不如抗暴运动时，因为去年的希望还渺茫，今年则存了一个希望曙光已在望了的缘故。明伦真了不起，他的履历：茶房、工人、仆人、勤务兵、看护兵、捡柴，什么都干过。是的，一个人只有经过一番磨练，这个人才能有希望。我的过去真太平淡了。这一次家中的遭遇在表面上看是不幸的，但事实上安知不是因祸得福。不，但事实上该是一个绝对的幸运，使我对人生能清楚地观察一下，不然的话，纵使不成纨绔，至少也得成为一个糊里糊涂的人。李立中也来了，他是苏北人。苏北人中好同学也不少：承先、万新、家纬、荫昌、芮和中都是。他们计划把苏北同乡会拿过来，成功的话，那倒很好呢。苏北同学在本校凡三百余人，为全人数十分之一呢。

1月5日 星期一

伯英买了一本王士菁的《鲁迅传》，我向他借了来，先看了两章。他的材料大概都是《鲁迅全集》中以及其他鲁迅的友人纪念的文字中来的，所以没有丝毫失实或夸张的，只是把他们撮钞而类排起来。这种方法其实也可以用作我人作史的参考。

本来今天分发我是要去的，后来万新说我公假请得太多也不大好，就作罢了。系中只有旭华一个人去。

六时多，和明伦、家纬、明芳、万新、郁南在古今书店讨论我们的读书会。金灿和道慧起先也在，后来先走了。这地方本来是家书店，权不属于学校，后来书店关门了，起初经济食堂借用着，现在不用在那里。地方还可以，大概有20个人可坐。我和明伦建议由系会租下来辟为研究室或图书馆，好在这和学校不生关系。

我们系中我感到有些散漫，散漫的原因就在不能时常在一块儿聚，没有一个经常在一块儿的地方。如果能够弄下来，那真是太好了的事。结果决定了（一）读书会以读中国通史为主;（二）本会自寒假开始;（三）每周集会一次，决定读书步骤，提出并讨论问题，有不可解者可向老师请益。后来大家就变成闲聊了。家纬［家中］是流亡地主，明芳家中也很反动，而她们竟然能这样，真太好了。

今天《大公报》载，昨日浙大同学正在集会商讨于子三同学出殡办法，外面那时也在宣布戒严中，突有两百人冲入校中施加殴打，重伤四人、轻伤二十多人。这是继26日中大［注：指中央大学］开除八同学后统治者口称要学生安定，实则刺激学生、不让学生安定之又一事矣。丑！丑！丑！

1月6日 星期二

自治会中的一笔钱除了零星开支外，大部还没有用去。午后2时与承先、有为、汝浩及顾崇申到上海去买旧衣，先在三马路一带，没有旧棉衣，再到虹江路买了一些。一个门警告诉我们有一家永大被服厂，衣服很多，很便宜，在新民路上。我们就去找，不料他们只有一小方牌子，字又看不清楚。我们一直走到新民路底，回来才找到。衣服的确比较便宜，棉衣裤75000元一套，为市价之一半。但他们是国家机关，国家有这么多衣服，为什么不直接发？还要卖给我们，赚难民的钱。他们的救济只是［开］一个一个的会，等难民死得差不多了，才来敷衍几个。这种政府，不坍何日？正开他们刚走，订了200套。我们就又订了120套。

回来宿舍中电灯熄了，用手电筒的光读《鲁迅传》四章。他父亲病死、祖父被捕而使家道中落，这件事，对他由一个好玩的孩子转变到进洋学堂，走出了"狭的笼"，实在是一个里程碑。他说："有谁从小康人家而堕入困顿的么，我以为在这途路中，大概可以看见世人的真面目。"现实的考验是伟大的。

检讨（12月21日到1月6日，凡17日）

这一个时期几乎全是在为劝募寒衣运动而奔走，所以在读书方面真是太惭愧了。除了一本《毛泽东在重庆》及六章《鲁迅传》外，什么都没有看，可是已组织了的和打算组织的读书会却有：（一）吕明伦等许多人的中国通史读书会；（二）吕明伦的现代史研究会；（三）陶承先的历史哲学读书会；（四）黄光潮的时事研究会；（五）彬荣、慎初们的读书会。如果寒假能好好地看一些书，那还稍稍能补救一些最近的缺憾。

实践方面，我对这次寒衣运动自己以为收到了下列几个效果：（一）说话的胆子大了许多；（二）认识了不少人。其他实在也没有什么值得说的。至于缺点也有三点：（一）不会用脑子，只能听人驱策，不会自己独立干事，有依赖性；（二）说话太乱，有时不会说、不能说；（三）太暴露自己，像4日李立中说：许多人问这位新同学叫什么名字，差不多每天看见他热心得很。为了工作，不是为了安全，我不能太暴露。

计划

这以下一个阶段，大概是考试和准备考试的时间。所以理论基础的修养方面我不敢做过大的奢望，以免浮而不实，成了空谈。但是如果有时间的时候，我想还是先看一些英文吧。英文的确也很重要呢！实践方面，从上一次的检讨中，我想给自己订一个下一次的行动原则有四点：（一）肯负责；（二）多跑腿；（三）略严肃；（四）少暴露。希望下一次能换几句，因为这几句已做到了。

1月7日 星期三

9时光景，大队18人（正开、［汪］巽人、［郑］词庭、承先、万新、郁南、我、吴友、薛韫秀、陈雨文、启东、简延寿、王定一、施宗仁等）到闸北和中小学（中兴路、大统路）中担任分发，没有多少时候，顾金德把东西送来了，棉衣裤三百几十套、棉被七百余床，难民也似乎特别多，长长的队伍七百多人。我们起先不敢发，到下午警察到了，才开始发。起先排了队伍，但是没有票的人挤在门口吵闹，秩序就不易维持了，有一个秃头小孩凶横得很，我在外面给他抓、打、踢、骂，结果大家把他拖了进去。难民由同学依次领进门至领物处领物，再由后门出去。人越来越挤了，条子全收回了，衣服还有很多，人挤在外面大包围，当然不可能拿回去了，只有再出去发一批，都由边门出去，给他们遇见了便包围，抢，真吃不消，并且很容易挨打。

中饭附近没有地方吃，叫小学生出去买了一大篮大饼，一面做事一面啃。

第二批更糟糕。十之九都是第一批领过的又都要拣长拣短，有至三遍者还要吵。真是贪而无厌，篱笆外的难民愈来愈多了，都向里挤。篱笆的一面终于不胜负担地倒了下来。我差一些也给压进，幸亏巡捕帮助，不然的话，冲进来可不就糟糕？这种难民几乎全是苏北、皖北、豫东一带的人，口音一样。我以后听到了要怕了。不，这是不应该的。对群众的爱，无论他们对你是如何的不对，你的爱是不能改变的。革命文豪高尔基就给过我们这伟大的指示。我改悔了。直到天已经很黑了,才把东西都发光。

我们赶到横浜桥等车子。不料车子一来,军人等的很多,就拼命地挤。我们一看反正不可能全挤上,还是及早走吧。我、郁南、承先、旭华、万新、启东、定一、延寿、宗仁就开步走。一路上大家边跑边走,边谈边唱,倒也丝毫不感吃力。自上法〔注:指在虹口公园附近的上海法学院〕到复旦,35分钟抵达,其中史地系五位同学悉数全勤。这次寒衣运动,无论哪一天,无论哪一部门(印务高有为、保管傅道慧、宣传陈明芳),史地系都有同学出动,尤其一、二年级,的确做到总动员,这的确是"史地系的光荣"!

1月8日 星期四

本来我们的期末大会是定在今天,但是承先说来不及筹办,宣告改期。这我以为并不一定对。本来,这个会不比联欢会,用不到准备许多食品、许多节目的。这一延可不就糟?经济食堂据说非参加销票同学不得加入,那我倒叨了明伦光了。

方舟给我看正开那里弄来的魏德迈报告内容,好狠呀!他主张把中国分为六区:(一)西北防区,包括新青宁甘主要目标，为进行军事及交通建筑，以御苏联；（二）西南国际交通区，包括云贵、川桂（一部分）等重交通建筑，亚洲大陆铁路：广州湾—黔桂路—重庆—宝（鸡）天（水）—兰州—迪化，为北方港口封锁时，运兵及军火给养物质至西北一带，以上是次要的；（三）东北华北军事区，在北纬四十度以北，要拖，在点上站得住时当然得作象征的占领，必要时可放弃，以缩短防线节省兵力；（四）华北绝对军事区，在北纬三十五度以北，不放弃，能打多久就打多久，来保障华中守得住；（五）华中绝对军事区，要坚守以至少两年为度，保障华南区的经建完成来大反攻；（六）华南经济建设区，以广州为中心，台湾为军事基地（日本军火由此入），台以南海岸线现代化之港口。广厦间建铁路，四月间广东省政府与美潘李公司签订合约：（一）黄埔建港，以夺香港地位；（二）广东全省农业水利灌溉系统；（三）肥料工业；（四）广东全省公路建筑整理及管理；（五）汽车业（装配）；（六）造船厂；（七）煤矿开采（粤北）；（八）英德水电厂；（九）水泥厂；（十）玻璃厂，以及广州市之公用事业，水电煤气、公共汽车等，将来还要垄断广东的丝业、纺织业、造纸等。这还只是初步的具体计划，将来企图实现"美国世纪"和"反苏战争"。

好毒辣的手段。这种卖国契约使我不得不佩服从袁世凯到蒋介石卖国技术的进步！然而东北局势的恶化和刘伯诚［承］部队的南下，使反动派的宝座益加摇摇欲倒，这计划再凶狠些也需要重盘改筹了。

1月9日 星期五

系干事会决定期末大会在明日下午举行。真糟糕，又回不成家了。本来我还想到四马路买些书呢（明天还有七折）。承先叫我去贴布告，并且告诉我系主任说史地系可能分家，分为历史、地理两系。果尔，则将来出路实有影响焉。

帮助旭华印他中学的同学会报纸《诚毅》，在吴友房中印。他房中的地板清洁极了，未上楼梯要脱鞋，罗我白他们也在这房中。他们新闻系倒真人才济济。

在登辉堂门口逢到《复旦人》的负责人成来苏，他说这次寒衣运动实在失去的多于得到的，替反动者的经济崩溃危机救济了一下，并且难民大半是地主，也并不顶值得同情，只是自5月以来口号都喊过了，没有事做而动员一下的。这话倒也相当有理。

晚饭后读《李有才板话》（赵树理著）。这是一部最成功的用大众语的作品。包括两篇，一篇是《小二黑结婚》，一篇是《李有才板话》。用最精彩的农民大众的言语，明白地刻画出在被解放了的农村中农民与地主间的斗争，翻身清算了封建的残余势力。前者写的是一个农村中的恋爱故事，"讴歌新社会的胜利（只有在这种社会里，农民才能享受自由恋爱的正当权利）……讴歌农民对封建恶霸势力的胜利"。后者写了农民与地主间的斗争，用几段快板写出许多欺压热情而缺乏经验的章工作员的封建地主阎恒元，但在解放区，封建剩余的地主即使能暂时欺罔的存在，但在能与农民打成一片的老杨同志领导和农民自发的警觉后，结果是必然地会被清算了的。写抄一段茅盾先生的关于《李有才板话》语："这是大众化的作品……第一，作者是站在人民立场写这题材的……是人民中间一员而不是旁观者……第二，他笔下的农民是道地的农民，不是穿上农民服装的知识分子……第三，书中人物的对话是活生生的口语，人物的动作也是农民型的。第四，作者并没多费笔墨刻画人物个性，只从斗争（就是书中的故事）的发展中表现了人物的个性。第五……往往用一段快板，简洁有力而多风趣。"总之，他不浮夸农民，也"批评了农民的消极的落后的方面"，但给了你一个活生生在现实中的农民群像，使你不自觉地会爱上他们。

晚上看育才的舞蹈会，人太挤了，看不大清楚。一个短舞剧讽刺一群狗男女在狂欢时一外来者杀其一同类而食之，但少施些肉给他们，他们就以为是"慈航普渡"了。几个歌和音乐好得很。青春舞曲来了两次。农作舞也是两次，这动作完全是从农民的现实生活中体验出来的，所以一个个身段虽然多么美，但这是自然的而不是做作的，更会使你感到农民的可爱。最后经大家竭力催促后，又表演了一个《王大娘补缸》而散会。这15000元真是太值得了。

育才是［陶］行知先生创办的，注重人性解放、天才发展。不分年级随时可毕业。这是最伟大、最理想的教育。用周予同先生的一句话："陶先生的办教育，是真正人民的教育，不像现在这种党棍子们的教育。"周先生有时显得说话圆滑，但在这个时代该原谅他。今天他又说："假如要杀我的头，那也没有法子，我本来也活够了。读书人就是这一点可以顶天立地。"我的确似乎在他身上看到一些知识分子的浩然正气。

1月10日 星期六

李承达来了。他真太好了，热情、肯干，和他在一起似乎有一种热力。但是项霸、李承达、沈竹荪哪一个不是我们的精华？现在都不在了。我们系中没有一个中心人物（陶刚转入，人望还嫌不够。）靖琳要走了，并且有的地方不尽满人意,上月23日就是一个例子。所以太散漫了。这也是一个原因。

3点钟,和陶、李到上海去买些今晚期末大会的食品,又去看了一次朱[激]主任,她住在辣斐德路吕班路那儿,大概五十左右的年龄,刚由英国讲学回来,人似乎还和气,可是由于她的上任是由于老板[注:指原史地系主任周谷城]的走,使我自然而然地对她生些反感。坐了很多时候,时间迟了,就和承先叫了一辆三轮车到外滩。路上,我问他对于这次寒衣运动的检讨,并且告诉他昨天那位同学的意见,他以为不然,因为:(一)这样可以肃清一部分人在5月中以为学生只会破坏不会建设的错想;(二)半年来沉闷空气无法打破,其他运动在客观环境限制下无法发动;(三)对政府的办理经济成绩是一个讽刺,借此打击政府之威信。言之亦颇成理。这使我不能不感到自己是太微小了,书读得太少了,眼光见解太不够了。还得加以百倍的努力才行!

期末大会上,先生来了胡厚宣、蓝文征两位,以及闵煜铭、林同奇两先生,朱[激]、周[谷城]两先生都没有来。承先叫我致欢送词(送王浩、廖蜀琼两毕业同学)。这我不行,唉,我真恨死了,我的口才为什么如此不行,唉!唉!唉!恨死我也!这非搞好它不行。对于一生的影响实在太大了,致词及事务报告完毕，蓝、胡两先生先走了，空气马上变成和缓，就开始游戏——"碰球"（就是以前的"大总统"），差误一次者罚表演一次。到10点钟光景才散会。

晚上和慎初谈了许多时候。

1月11日　星期日

几天来真是累了，睡到8时正才由慎初来叫醒，匆匆地弄好了，就和他回上海去，先到志明家那儿，稍坐了一会儿，就到锦镛家去。锦镛真比以前进步多了，以前的两大坏脾气——固执、蛮横，都差不多改去了。虽说还有一些个人主义的色彩，但我相信他理论基础修养深些时能改去的。他说话行，写文章行，肯干，能干，将来真是很有希望。现在我们《合作》[注：中学时几个同学办的一个刊物]六个人，似乎只剩了四个了。希望这四个中永远不要有人会再落伍。

回了一次家，父亲劝我对于学生运动少参加。这要批评，真是很难的。

回校途中，与闵[煜铭]先生[注：地理课的助教]同路，他很替陶[绍渊]先生辩护一番，对昨天高有为在会上放大炮说的讨厌事颇有微词，似谓今日历史方面的同学太跋扈了，高昨天有他在实在不好讲这个话，的确会使他下不去。（昨天看朱［激］主任时，她表示分系，地理恐不易单独成立，仪器无，教授无。而对陶先生，他说是复旦史地系中仅有认识之一人。这倒真是都糟糕。）

晚上读毕赵冬垠的一本小册子《经济学初步》，深入浅出，确为初学者一本很好的读物。

1月12日　星期一

季考以后，对功课真太糟了，什么都没看，连通史都没看过。今天一下子从西汉到南北朝看了一次，有了一个大概的概念。

中午去看正开，他告诉我：寒假中叫我对读书会要进行，通过这个形式，依据民青的宣传方针施以教育。新年团拜还是要做，只是技巧尚须讨论，以减少不必要的麻烦。

晚上在古今书店讨论读书会问题，出席16人，决定分为三小组，定一共同的讨论步骤大纲，以等速念下去，一星期一次。大纲由每小组推二个共同拟定，在下月一日大会中提出（该次大会中讨论社会发展史），各小组中相互竞争，以成绩为竞赛，结论油印，每人一份，由各同学轮流执笔。我组八人：我、旭华、光基、伯英、家纬、方舟、兴彝，[黄]焕毅。至承先之历史哲学，我们另外再念，人数约在十二三人。

承先说，我们系中能干的人即遭开除，所以叫我别太暴露，以保存元气。史地系是一条线（除×××可疑外），至少没有反对意见。在黑与白斗争最烈的复旦中，实在不失为一支劲旅。我们要好好干一下。

1月13日　星期二

我们一个读书小组的两个代表选出了，是晁兴彝和韩伯英。回来时，旭华借我看毛主席之元旦演讲，油印小字，十二大张，题目为《目前形势和我们的任务》。他一开始就指出今年将"是一个历史的转折点，这是蒋介石二十年反革命统治由发展到消灭的转折点"。接着申述人民解放军的所以能"由防御转到进攻"，是因为我们的解放战争是"建立在人民战争这个基础上"、"军队与人民团结一致"，至于后方，现在"也巩固得多了，这是由于我党坚决地站在农民方面，实行土地改革的结果"。我们要"依靠贫农，巩固地联合中农，消灭地主阶级，反旧式富农的封建的及半封建的剥削制度"。没收封建阶级的土地，在"实行耕者有其田的土地制度原则下，按人口平均分配土地"，"没收蒋介石、宋子文、孔祥熙、陈立夫为首的垄断资本归新民主主义的国家所有"，消灭"官僚资产阶级（大资产阶级）的剥削压迫，改变买办的封建的生产关系，解放一切被束缚的生产力"，同时要"保护民族工商业"，"而不是一般地消灭资本主义，不是消灭小资产阶级及中等资产阶级"。至于党的干部，现在都已能"进一步地掌握了马克思列宁主义的普遍真理与中国革命的具体实践之统一这样一个基本的方向"。但还有少数的地主富农性的党员，我们一定要把他们清算出去（冲及按：像《李有才板话》中所描述的那样）。最后，他号召大家一齐起来担负起反抗帝国主义反动势力，争取人民解放的空前重大任务来，因为"曙光就在前面，我们应当努力"。

我拿给正开、巽人等许多人看。

正开告诉我，昨天锻炼、新血轮、五三、复青、复联、复旦新新闻、青年军联谊会、一二一、祖国、自由风〔注：是些亲国民党方面的学生团体〕贴出要求抗议九龙事件时，交大自治会亦有表示，但他们是要争取主动权耳。这几天报上天天以之为头等新闻，47期《群众》（12月16日版），谓欲发动学生运动为其讨价还价之本钱耳，言之的颇成理。

1月14日　星期三

同济的校长［丁文渊］手段到底不及本校章［益］校长。前几天对同学说："你们为什么要搞自治会？你看复旦、暨南也没有，人家多安静。"但昨天毕竟竞选完毕了。复旦下学期竞选时，我决定了，还是干！但是不要太暴露自己。彬荣今天来信也说："我们该快些站起来，用我们坚定的斗志去争取她（冲及按：指光明的来临）。期待现成才是最可羞可耻的事哩。"是，我们得勇敢地站起来干一番，来争取这光明的早日来临。在黑暗的一面即使是发的像萤火一样的光明来，而是用我们自己的血汗所点亮的，这一些光明也是最值得珍贵的。因为一个火把的巨光也正是星星之火所合成的。

本学期的《通史》结束了。周［予同］先生今天说话特别的勇敢，他告诉我们十六年［1927年］"大革命高潮低落"时的惨状，工人们在机器旁一批批被牵去，小孩、妇女有机枪扫，"我血的故事看得太多了"，所以就和郑振铎、胡愈之等合写了一文在《商报》上发表，几乎头也杀掉，幸得有力者力保"这几个人都是书呆子"，才留得残生。他的朋友许多牺牲了，现在他朋友的小孩也一批批向左走而牺牲掉了。他说他自己思想还应当清算一下，遗留着许多小资产阶级士大夫的臭脾气，但这克服自己的功夫是最难做的。他说他家中也有田，是一个小地主。但这地主他也不要再做，这些田农民要就拿去吧。他指出国民党的买办性如果不去掉，不往下走与人民打成一片，而只是往上走的话，一定是死路一条。周先生毕竟还是值得我佩服的一个。我们老板孝书（他是民盟）告诉我，他［周予同］在课堂中有一次越说越气："他们要独裁就独裁，要专制就专制，何必还要讲什么三民主义！""砰"的一声拍了一下桌子。唉，他走了，我们同学的损失如何能补偿呢。

郁南、明伦告诉我，昨晚同济开庆功会，出席的十余校，情绪空前热烈。我没去，那真太遗憾了。

1月15日　星期四

交大昨召开系科代表大会，决定成立反帝反奴抗议九龙暴行委员会，自今日起罢课两天，扩大宣传，兴起全国人民支援九龙受害同胞，向各界捐款慰问九龙受害同胞，联络与其目标相同之大中学一致行动，向联合国控诉帝国主义在华暴行，并发表告全国同胞书。在布告板上，在第二大队告同学书旁边也贴上了十七系科二十社团的控诉。

同济昨天开除同学两名：上届自治会理事长杜受百

("歪曲事实,挑拨离间,破坏秩序"),及这次寒衣劝募委员会负责人何长城("毁坏公物,藐视师长")。自治会已要求校方收回成命。本来,天下乌鸦一样黑,有良心的人在今日的这里一定不会当大学校长。

晚饭时见正开,告以上面正发动一读书会运动,在寒假中有二作用:(一)教育群众;(二)搞好组织对九龙事件。他说,政府想用以转移其出卖华南之目光,所以我们的口号是反对政府一切出卖华南之协定。

1月16日 星期五

昨上午11时,同济工、医、理、新[生]等院学生千余人集合文法学院广场,派代表见丁校长,要求:(一)承认系科代表大会;(二)收回开除杜、何成命。丁答:"系科代表大会在教部新自治会规则中无之,不能承认,可由同学书面请校方转知教部;何、杜可先读书,开除与否,于下次训导会议决定。"同学不满,训导长江鸿称何之毁坏公物为乱贴标语,后允"决以个人地位要求训导会议:开除二人,行即辞职"。11时多,发现有人在总务处事务组打电话要便衣队来。于其身上搜出警局服务证(名蔡延祚)、手枪、子弹七粒,乃至校徽一枚(一一九九号)。下午1时20

分，满载全副武装之警备车二辆一停前门一停后门，2时多离去。系科代表大会2时举行，决以携带手枪、佩戴同济校章、有奸匪之嫌，[将蔡]送至地检处，到6时该处法警四人及同济庶务主任、同学四人将其带走。8时，称校长又见代表，至9时后，同学始散。

同济决今天抗议九龙事件罢课一天，而本校新血轮等、暨大抗议港九惨案后援会、大夏上法爱国护权会、光华学生团体联合会，居然于昨夜成立上海市各大学抗议九龙事件联合会，定今日上午向市府请愿，可谓颜厚。

午后在伯英室中，听其与一同学（许良）辩论罗斯福之功罪问题，凡两小时。伯英持理颇充，但态度不甚佳也。

各地同学对九龙事件之活动：南京政大、建国等15位代表到外[交]部请愿，东方语专16日、17日罢课两天，社教、东吴昨发表宣言，武大今日起罢课三天，汉口艺专罢课，天津昨成立天津市学生抗议九龙事件联合会电请主席强硬外交（！）

1月17日　星期六

同济自今日起罢课三天。交大、同济、华东、大夏、震旦、光华、上法、中华工商等七十四大中学，昨在交大开会成立上海市学生抢救民族危机和抗议九龙暴行联合会,选出交大、同济、约大等八校为主席团,决议:一、今日向英领事馆示威;二、向英国政府抗议,对联合国大会提备忘录;三、今日总罢课。同济昨罢课抗议九龙事件,晨9时以大卡车游行,高呼口号,车上贴满标语、漫画,沿途分发告同胞书。交大昨百余宣传小组在街头宣传,号召市民反帝反封建反买办。江南大学昨集队宣传今大游行。社教成立抗议九龙事件后援会。

10时许在登辉堂开会,遇正开,告:昨夜在德庄集会,决定成立十八系科、二十社团反帝爱国联合会(反帝联),决今下午游行,又成立十八系科、二十社团常设委员会,对上不公开,对下公开。在自治会未成立之前代行职权,号召一切,由新闻、土木、法律、合作、农院(梁启东、李立中、简延寿、李正开、金雪南),政治科郑所全,《文学窗》陈雨文、李汉煌,自治会女同学叶锦文负责。

承先赠我元旦的活动计划一份,又付交大宣传品若干,叫我与金皓、陈长洲分发张贴,我们就分头在淞、德庄进行。至午膳时,反帝联每桌发一通告,号召同学参加游行。虽因考试故大受影响,但是仍到七百余人(史地[系]到三十余人)。

我们在广场上练了一会儿的歌,就先乘了一辆大卡车出发。不料到大八寺,被军警阻住,说奉总局命令不让同学到上海去[注:当时称"到市区去"为"到上海去"]。交涉了许多时候,只好折回,恰巧校中第二队刚要出发,大家就叫:"走到上海去!"走到大八寺又遇阻止,大家高呼:"警察好,警察妙,警察警察刮刮叫!""警察也是中国人!"结果终于通了过去。

走了一段,有几辆军车答应送我们一程,就载着我们到四川路底,由朱承中们拿着大旗在最先走,后面三人一排,握着手走,在警备司令部门口高唱"团结就是力量",沿途高呼口号:"反对魏德迈阴谋分割中国!""为港九死难同学复仇!""反对政府出卖华南!""我们不要不保护人民的政府!""大家团结起来,反对卖国外交,抢救民族危机!"高唱"反对奴才外交",并且用粉笔沿途书写标语。在四川路桥,一个电车卖票[注:指售票员]在车中伸出头来,嘴张了几张,要叫又不好意思叫,等队伍将走完时,他突然叫起来了:"打倒大英帝国!"我们大家和着叫起来。这是真正中国善良人民的声音。看见几个美国兵,我们大叫:"Get out!"他们还向我们伸伸大拇指。

过了外白渡桥,就是英领事馆,各校都已到了,看见我们来,高呼:"复旦好,复旦妙,复旦复旦刮刮叫!"我们也叫:"大家好,大家妙,大家大家刮刮叫!"那时已有

2时半了。大家在领事馆门口高呼口号，示威时间甚久。我和明伦们担任纠察，维持秩序。梁绍文、林淑夜这批狗坐着教职员车也赶到了，来参观我们的队伍，真如家纬所言："又可厌，又可怜！"

到的已有五六十校，在群众力量下，领事馆门中的警察将刺刀放下，代表进去送交抗议书。我们就由同济宣传车领头向外滩游行。刚到南京路，后来脚踏车赶来报告："代表在领事馆被扣。"群情愤激，立刻将后队改为前队回到领事馆去。我们的政府开来几辆铁甲车威胁同学，我们更加气愤了。并且消息传来，四位代表，两位逃出，其他一位交大、一位同济为警备司令部扣留。我们大家叫起来了："冲进去！"坦克车上也给同学写满了标语，终于两位代表释放了，领事馆的［英国］国旗在大众欢呼声中下了下来。

我们再向南京路出发，沿途有许多小同学很努力热心，用柏油、粉笔写标语。到南京路，政府派来"保护"的马队来了。好家伙，两边一路警察不断地密布，我们的情绪提到最高点。从高呼口号，高唱"奴才外交要反对"，几乎一分钟不断。最后用"反对列强"的调子在不可抑制的情绪下唱出了"反动政府要垮台！"。队伍像一支铁流、一支怒流滚过去，沿途的民众站满着，向我们表着同情。我们的劝募队［遇到］有一个人在找职业的，一个钱没有，就把手上的表脱下来。

到了新世界，我们队伍脱离，而大队到北京路去祥生汽车公司，他们起初不允租车，后告"警局通知不许装运同学"，后答应。但车很少，我们大部分同学一面等车，一面唱歌，响彻云霄。后来环了一个圈坐下，大家唱歌打拍子，有几个同学跳秧歌舞，后又跳《王大娘补缸》（练福和、邱宣瀛）。到第二批，才将大部分装完。

照今天这种情绪看，临时动员起这么多人来，还是考试前夕，情绪又这样，复旦是有希望的！

1月18日　星期日

丁文渊好辣手。两个同学开除不收回还罢了，十六日训导会又开除吴虹、文德昭、韩格兰、范郁芬、唐荆明五位，黄克鲁停学一年，王齐建、王翼林记大过小过各二次，潘承邦令缮悔过书。

金大等均已罢课。

同济同学最近表现极佳。我相信一定不会就此罢休。如果他们算了，复旦一定跟进。上次于子三同学事不是吗？复旦［对开除学生］无反应，同济就开除。所以我们实在应该响应，"团结就是力量"。

午后见正开,告学联复旦代表在教育系中,及梁启东。《学生报》每期送廿份来。学联今不能公开,但游行、寒衣什么都是照他决议案做的。校中邮检很严,交大等来复旦联络数次,未晤负责人。前日主席团中名已列入,无法才拭去。决议案拟就后等复旦出席,至前晚无法才付表决,故主席团本定八个,今发布全名单为七个也。《学生报》复旦寒衣详情均实。此自治会没有联络到底不行也。

广州英馆着大火事,为同学所为。当时宪警弹压,群情愤慨高涨而为也。楚令尹曰共党为之,当严办。并集合各大学院长,决定严加管束同学。九龙事件今日阅《大公报》《血泪洒九龙城》,方知大概,确太气人。

承先告,靖琳们尚拟一古代史研究会,并称[寒]假中当拟与各系会时开座谈会、柴火会,交流感情,加强组织。

1月19日　星期一

考中作文、哲学概论及中国通史。

中午志明来,赠《大众歌声》第二集两册,以一赠孝书。

晚饭后,孝书教最简单乐谱及拍子一小时,颇有兴趣。

同济昨校方布告"限同学立即复课,不然将取严厉处置",必要时将请治安机关至校内维持秩序(见昨日《新闻报》)。自治会今集会商讨对策。

1月20日　星期二

同济除了少数最高班生复课外,自治会于昨日决定无限期罢课。

上午考英作文。

又补:前日知新闻系会主席丁文蔚已改吴友。理院联合会及文院联合会均将成立。

1月21日　星期三

同济昨起无限期罢课,发表宣言《告全国同学书》《告社会人士书》。昨晚举行控诉大会,到各校同学千余人。今日中午绝食一餐以示抗议。晚在工学院举行营火会。校长称今晨如不复课,将再开除四人,十三人留校察看,十七人两大过之处分。同济真有种!好!

外滩前日所书柏油标语,英人多摄入镜头。警局急了,即欲雇工凿去之,所费当达数亿云。

中午时,梁启东邀我加入《复旦人》,允之。

1月22日　星期四

同济昨未复课。校方公布开除李发第、萧荣铮、印邦炎、朱文秀四同学。黄仁瑞、曾启光、杨益言、刘维德、郭昭明、张彩珍、陆钦仪、谢均安、冯立文、范郑生、刘逸鹏、赵仁保、李永正十三同学各记大过两次，小过两次，留校察看。张纯、马兹民、杜成樑、蔡明德、黄明志、周永鑫、宋玉祥、薛瑜琨、贺善成、张荣德、张洪年、顾爱贞、陈中、王必钰、王维新、费琢如、苏光虞十七同学各记大过两次。据说丁［文渊］本来打算让步，恰巧开校长会议，经章益开导一番，马上发表第二批名单。所以也公式化的：代表来，允考虑，群众散，开除。

在承先房中谈起对于下届干事，一开学就要选好。自治会改选要搞一下。我们拟定为承先、我、伯英、家纬、光潮、郁南、道慧。

晚上和正开谈。他叫我先通知八叔，×××表面工作极为热心，实为一特务。因其同室于偶然中发现其对上次游行之报告。称复旦"学生"何时何分出发……中有"彼方势力甚大，工作无法展开"之语。这倒真要好好提防，太危险了。正开说下学期希望赶出章益，因为他上至教授下至茶房都组织好的。一道命令可到底。换个就不行了。

他又指出,学生运动的价值,不能在他的结果上看(事实上学生运动也不会有好收场的,如一二·九、一二·一都是),应当在他所起作用上看,所以同济、云大的事不可悲观。令我茅塞顿开。(承先告诉我,一个人变真太快,[孟]庆远、[李]槐奎过去不很好,[葛]嫱月为上海小姐,今乃如此可钦[注:他们和张希文四人在反饥饿、反内战运动中被国民党当局逮捕,直到我入学时仍被关押,始终坚强不屈。])正开亦告,同济最近开除之吴虹,昔为专谈大腿,自抗暴一转,乃至于今。李立中以前为死用功者,为于子三同学罢课时,他到训导处去,他们还不知道他叫什么名字,可是这学期来,他是寒衣运动及反帝联之负责人,人望极高(人是好人,和项霸的情形很相像)。下学期自治会主席恐怕非他莫属了。现在各系科中仅政、经为劣,但下学期也想拿到手(因其一二年级较好)。其实坏蛋们S[注:指抗战时原在上海的]及Y[注:指抗战时在重庆的]自己也有斗争,不是相合的。S以前大家以为没有好人,但土木系中好的几乎都是S。李立中、陶承先等也都是。对于认识人方面,正开以为应当你认识人多,人认识你少。不可能时,多认识人好。不要因李承达事而因噎废食。下学期事情无论成功与否,人总是要牺牲几个被开除的,但事实上,现在开除又算得了什么呢?唉!都是那份混账修正自治会规则不好。陈雪屏混蛋！

1月23日　星期五

同济被处分四十五位同学成立被迫害同学会。各院同学已集中工学院，表示愿意干一下！正开告诉我，上学期复旦对学联之代表为梁启东及一教育系同学，但因他犯很多主观上之错误，故下学期由他出去。他说下学期决定由三四年级出来搞，因为三四年级横竖要走了，开除无所谓。一二年级开除那真损失太大。

晚上同济有晚会。我本来打算去。又和尉迟学温捐了二十多万块钱来。后来承先叫我和光潮、旭华同念英文，结果没去。

1月24日　星期六

考英文、地学通论、中地总论［注：即中国地理总论］，真弄得头昏眼花。

正开说，昨天［复旦］去的人不多，二十多个，临时也上台凑了个节目，唱《别让它遭灾害》，全部上去。

在慎初房中,［朱］承中来，谈起去年竞选自治会时"不谈政治竞选团"［注：亲国民党方面的学生组织的竞选名称］之无耻，真可笑得很。他又说起去年李承达和他称为签名大王，即使明知坏蛋，也去一试，所以熟人太多，结果如此［注：李承达是史地系二年级同学，后改名李元明，在于子三事件后被校方开除］，伤哉。

1月25日　星期日

实在自己也感到太不用功了，上午睡到9时半，起来时国文还没有看过，马虎一遍，下午1时进考场也。

钢笔中部弄折，糟糕。

晚饭时，往同济参加晚会。复旦同学去者约四百人。大家先集中在同济三楼一个教室中练歌，再进入会场。同济在门旁、对过、后面都站好仪仗队，一校来，就大叫："××好，××妙，××××刮刮叫！"结果来了五十多单位。大礼堂比我们大礼堂还大，挤得水泄不通，但秩序井然。会场中歌声此起彼伏，热闹异常。尤其交大、复旦两两对峙更为卖力。结果"反动政府要垮台"也唱出来了。大会开始，同济潘承邦致词，他的口才不行，姿态不行，措词尤不行，尤其二点：一，自称民主堡垒仅余交大、同济二座；二，说你们不要以为现在不是开除你们……并有应该来后援的意思。这话当然不错，但他自己不应当讲。承先修养似乎也不够，有些气愤的样子。台旁上海学联赠送的大幅锦旗："英勇斗争"。

接着，同济的合唱《同济大合唱》，不顶成功。复旦的节目诗朗诵（张家英）、活报《火来了》（新闻系一年级梁增寿、武振平、程极明等）。高有为老兄，我真佩服他的勇气，上台独唱，他由《我们是姊妹兄弟》调改编的《同济颂》。以下是几个学校的民间舞。中间休息，由各级代表献旗致词。

复旦由鲁在玉上去，他说得很行："复旦有着血的磨折，但是我们相信，复旦是经受得住考验的。"博得全场彩声。后面又是复旦的旦声合唱团的大合唱《别让它遭灾害》《大家起来保卫同济民主》《和平光明》，真太好了。司徒汉的指挥又领导全场唱歌，复旦失去的光辉恢复无遗。

这一次复旦恐怕又能比较站得住了。事实上也如此。同济这次是我们的一个前驱，他胜利了，下学期复旦不成问题！他垮了，复旦也不成问题的必然垮了。

以下是同济的几个活报。中间又插了个高有为的歌。这次因为是陕西山歌改的，人家感到新奇，还算过得去。

散会时，大雪纷飞，天气冷极。同济叫了几辆大卡车送，复旦全体同学（包括女同学）高呼："复旦不要车！"冒雪走回复旦已经11时半了，途中郁南叫我明晨8时到新闻馆开文院一年级联合会。

1月26日　星期一

文院一年级联合会,我代表史地系出席。到者有新闻[系]程极明、武振平、陈方树、梁增寿,中文[系]施月明、范思焕,外文[系]廖国芳,教育[系]林蒲添、朱其昌。先各报告各系状况,新闻[系]因有新闻馆最佳,开学两周即成立一会,对内称News,对外称"流火"(壁报二者轮出),不成问题。史地[系]打算以通史读书会为基础,亦不成问题。中文系允于寒假中搞好基础,但其中颇多老夫子之流,颇伤脑筋。外文系同学很少,但男女同学至今未曾交谈,不然即为人笑。那真开玩笑了。我建议,可通过高[年]级的关系,这隔阂是非打破不行的。教育系则四十余人,连代表亦有同学不知姓名者,寒假中无把握打定基础。外文系寒假中多离校,无法展开工作。我因下月要离校,推韩伯英代理。新闻系程极明也然,叫一位谢承兴负责。全体事务由范思焕负责。至展开扩充为全校性,则等自己基础扎稳后再谈。各系中组织联合会,起先不妨以读书会为名,开始时五六人也行,只是要分开工作,不要给人家视为一个group,中间打起墙,那可就糟糕。

旋与慎初往彬荣家，途中慎初告理院联合会于寒假中拟展开工作。又嘱其代我签名加入 Muse 之歌咏及文艺欣赏二组。至〔彬荣家〕则叶春先在，后志明、务农来。阅报知朱家骅来沪，对丁文渊严厉处置深表嘉许云。彬荣说，至沪在南京路见柏油标语"反动政府要垮台"，不觉大吃一惊。

是的，现在的学生运动的确是与 5 月间不同了。5 月中总是向政府请愿，现在直接控诉英美帝国主义了。5 月中口口声声希望政府改良，现在口口声声只希望他垮台。说是回光返照式的垂死挣扎了。时代的潮流是往前推的，人的眼睛越弄越亮，魔鬼的尾巴越露越显。可是在这样一个历史转折点的时代中，我们的警觉性也得特别提高，不然反动派的进攻也正在千方百计觅路进攻呀！

1月27日　星期二

在家阅翰斯之《看！政学系》。这群魔鬼在他们依靠的主子垮台的时候，也正是他们的末日了。这本书本身倒没有什么了不起，有了材料人人会编。中国内幕之流年。但其中材料颇可贵（大半撷自胜利前的《中国内幕》《内幕新闻》及散见各报章者，胜利后之材料及经济方面的颇罕见）。

想起昨天听人言及烟台共军有不满人意行为，颇以为奇。实则此无足奇。盖过本无足奇，要在能自知其过而能随时改去即是。（如《李有才板话》中所载、毛主席元旦的话、四十七期《群众》转载《晋察冀日报》社论，均承认共党中杂有颇多不肖分子，他们和国民党不同者即在国［民党］知过而为之文饰，他们就老实说出而改去它）。本来它也是由旧社会中变出来的，并不是神话式似地一下子由天上变出来的，是现实的而不是幻想的。这是历史进展中必然的阶段，又何足为奇呢？

午后阅《封建主义》，去半册，认识了封建社会之四大特点（依里奇指出）：一、自然经济统治；二、直接生产者对生产手段之给与；三、直接生产者对统治者人格的依恃（超经济的剥削）；四、生产技巧的低劣。

晚返校，正开嘱加入《文学窗》，担任写蜡纸工作，允之。但《复旦人》又如何呢？兼之则不胜其烦了。

同济附中昨议决：明［日］起无限期罢课。

1月28日　星期三

同济决定明日往京请愿。丁文渊声称，朱家骅表示同学如不能复课，不惜解散同济。好！看他解散得了！

午后，先去通知家纬前天早晨开会情形，因为她也是代表。可是她说下月初将返京。又至黄廷玺房中助其整理系中图书（承先嘱），他不在。至旭华室中遇［周］久钊，他说起《群众》可订 12021 册，每期零付，如有 50 人可打七折云云。

与旭华至同济工学院去看了一次，他们大概是走完了。返家。

明伦通知明天到工院送他们去。明天无论如何一定要闹事。政府有上次交大的经验，这次一定不让他们到北站（或者不让出校门）。我们明天去横竖是准备着挨打去的。不打则喜出望外，打则固在意中，不必懊丧也。

伯英今天陕西同乡会欢送韩□兰［注：中间一字辨认不清］。他们同乡会大概还可以，现在我们和对方各有三同乡会，我们是四川、两广和河南，他们是苏北、湖南、安徽。其他则为中间派。陕西今天看也可以拿过来也。

1月29日　星期四

同济惨案发生！

暗号——是送你一本书[1]

我参加中国共产党有两次,但不是因为脱党或失去关系后重新入党,而是党的两个不同系统几乎同时来发展我入党。从这件事,多少也可以看到当时地下党所处环境的复杂性,那是现在的年轻人很难想象的。

我的两次入党都在1948年上半年,前后相隔大约一个月。第一次是四五月间,来发展我的是复旦大学史地系一年级的同班同学卓家纬,她是属于南京市委上海联络站系统的。第二次是五六月间,来发展我的是我在复旦附中读书时关系最密切的同学、当时在复旦大学土木工程系一年级学习的邱慎初,他是属于上海市委系统的。

卓家纬那时刚从南京的中央大学实验中学毕业,是在南京入党的。1947年秋,她考入复旦大学,但党的组织关系一时没有转到上海,还在南京市委上海联络站。她比我

---

[1] 原载《万象》总第4期。

年龄稍长一点。因为是同班同学，经常在一起参加学校中接连不断的学生爱国民主运动，她对我的政治观点和表现很清楚。史地系那时有个秘密的核心小组，一共七个人（后来才知道，其中当时就有张靖琳、吕明伦、卓家纬三个党员，但分属不同系统，还有陶承先、关郁南、傅道慧不久后也入党了），我和她都是这个小组的成员。1948年1月，我因为参加同济大学"一·二九事件"被校方记了一个大过。到4月间，她就来发展我入党。

发展我的方式很巧妙：因为她不能先暴露自己的共产党员身份，所以早就跟我讲过："我们是不是一起想法找共产党？如果你找到了，你就告诉我。如果我找到了，我就告诉你。"我当然十分赞成。过了一些时间，她忽然对我说："有人要我们两个入党，你看我们要不要去参加？"这个办法确实很好：如果我表现得犹豫，她可以说：那我们就不要去参加了，也不至于暴露她的身份；如果我的反应十分积极，就可以进一步谈了。那时，我一点也没有犹豫，立刻表示赞同。她就说他们要我们各写一份自传，把自己过去的经历、思想变化的过程、为什么要加入共产党等写清楚。当我写自传的时候，她装作也在写自传。自传交上去后不久，她告诉我：组织上已经批准了。某一天（具体日子已记不清了），会有人到你在江苏路的家里来，说他姓何，由她介绍而来，那就是来接关系的。

到了那一天，果然有一位戴眼镜的男同志来了，大约比我大六七岁，说是姓何，是卓家纬要他来找我的。我从来没有见过他，看来并不是复旦的同学，但我也不好问他的名字和情况。他先问问我的情况，然后说：以后他会定期到我家来的，现阶段主要是帮助我学习。也真巧，就在同"老何"接上关系后没多久，邱慎初来找我。我们之间多年以来的关系太密切了，所以他没有绕什么圈子，直截了当地对我说：党组织已经决定发展你入党，你赶快写自传吧！我当时刚入党，党内的规矩还不怎么懂，同他又太熟，相互间完全信任，就告诉他我已经入党了。他大吃一惊，问我是谁介绍的？我说是卓家纬。隔了几天，他很紧张地来找我，说组织上查过了，党内没有这个人。再多的情况，他也说不出来。我一下就慌了，急忙问他：那怎么办呢？他说不要紧，你再写一份自传交给我。这样，我又写了第二份自传。

六月初的一天，邱慎初告诉我：组织上已经批准我入党了，会有人来同你接关系，暗号是送你一本书，翻开来，书的第一页上盖有邱慎初的图章。到时候，有人按照暗号到宿舍里找到我。这次来的人我认识，是新闻系二年级的同学江浓，台湾人，我前几天刚见过。谈的中间，我问他原来我加入的那个组织是怎么回事？他说："大约是托派（那时候，对自称是共产党而查下来似乎又不是党员的，往往就认为是托派）。不过不要紧，组织上对你是了解的。"我很着急，问他这事以后该怎么办？他说："你继续保持同他们的关系，注意进一步观察。"

这些情况，"老何"都不知道。他仍过一段时间就到我家里来一次。那时，学校里正放暑假，同学们大多分散回家。他来，主要是给我分析当时的政治形势，帮助我学习党的指示精神，并没有安排什么行动任务。这种关系保持了三个多月。我"观察"来"观察"去，始终没有发现有什么不正常的地方。有一次，我憋不住了，在学习中直截了当地问他：托派是怎么一回事？他分析了一番，讲得也很正确。这下，我就更糊涂了。

八九月间，国民党特种刑事法庭在上海、北平、天津等地对学生进行大逮捕，复旦要捉的有三十多人，我也在黑名单上。特种刑事法庭先是对我传讯，我得到组织上的通知，藏匿起来了，又被他们通缉。当我藏匿在外面时，江浓第一次约我见面，我就问他：那个关系怎么办？他说：甩了吧！我就没有再同"老何"联系。

上海一解放，我回到学校。没多久，遇到也曾属南京市委上海联络站的复旦新闻系同学程极明。我们也是极熟的同学，但我并不知道他原来是哪个系统的。他的组织关系是1949年初转到上海市委系统的。他问我：大逮捕后你到哪里去了？组织上（指南京市委上海联络站）本来准备送你到解放区去，可是找不到你了。我就把前面所说的那些情况向他详细地说了一遍。他告诉我那是南京市委系统的，"老何"的名字叫贺崇寅，也是他的联系人，现在正担任上海总工会的秘书处处长。并且还陪我去看了一次贺崇寅。以后，他又告诉我，卓家纬在建国后不久因病去世了。

这段经历以往都不在意。到"文化大革命"时，一想起来不禁不寒而栗。如果建国后不是遇到程极明，不是他把真相告诉我，我该怎样说清楚这段历史呢？如果要交代我参加过一个什么组织？我只能说党组织告诉我大约是托派。介绍人呢？早已去世了。联系人呢？我只知道称他"老何"，连姓名都不知道，更谈不上了解他的身份和在哪里了。这样，连一个证人也找不到，除背上一个可能参加过托派组织的"历史包袱"外，还能讲清楚什么呢？

最近二十年，我一直在做党的文献编辑和研究工作，这才逐渐了解从抗战后期起，鉴于国民党统治区极端险恶的环境，以周恩来同志为首的南方局决定采取建立平行支部、实行单线联系等措施，在同一个单位里可以有不止一个系统，相互间不发生横的关系，这样，如果一个系统遭受破坏，另一个或几个系统不会受到影响，不致被国民党当局一网打尽。这种状况，只由比较高层的负责人掌握，我们这些普通党员以至基层组织负责人是根本不知道的。以后，我还了解到，复旦大学在解放前至少有四五个党的不同系统，而人数最多的是上海市委领导的复旦党总支。

把这段真实的经历写出来，算是讲个故事，也许可以多少从侧面反映一些当时地下党的复杂环境和它的活动状况。

附录：

回忆解放前上海学生运动的一些情况[1]

张渝民

金冲及同志的《论解放战争时期的第二条战线》一文，是一篇回顾、总结、分析解放战争时期国民党统治区爱国民主学生运动的文章，站得高，叙述全面，分析深刻。作为从小在上海读书、参加抗日活动、加入中国共产党、进大学、置身国民党统治区学生运动的成员，我赞成他的这些分析和论述，同时想对当时上海学生运动的一些情况和体会略加补充。

抗战胜利前夕，上海《申报》曾举办助学捐献活动，把捐献人士的姓名和捐款额度在报上公布以资鼓励。1944年有些中学的班级中，地下党员发动同学向社会募捐，然后把募得的捐款以班级的名义送给报社，《申报》也于报上

---

[1] 原载《百年潮》2014年第9期。

登出某中学某班捐了多少钱,同学们看到后受到鼓舞。地下党利用这种活动,在更多学校更多班级中推广,发动教育同学,扩大团结面。1945年春节前后,基督教青年会举办助学义卖市场活动,各校地下党员也利用这种机会,动员同学参加义卖活动,从中接受教育和锻炼。

抗战胜利初,1945年11月,上海各大中小学因物价飞涨,分别向学生增收第二期的学费,金额较第一期增长达4倍以上,相当于沦陷时期的7倍。面对这样昂贵的学费,许多家长和学生心急如焚。上海基督教男、女青年会,上海基督教学生团体联合会(简称上海联)、上海《大公报》《联合日报》等七个单位联合举办义卖助学章活动,以救济贫困学生。地下党利用这机会发动上千名大中学生上街义卖助学章,但被国民党政府认为未经批准不合法,明令禁止,并抓走在街头义卖助学章的70名学生。三青团造谣说,义卖助学章的钱是给新四军当军费的,威胁参加义卖活动的学生,致使那次助学运动遭受挫折。1946年初物价飞涨,学费又继续上涨,较上学期第二期收费又猛涨数倍,大大超过一般职工的负担能力,出现了一个庞大的清寒学生群体,其中严重困难的学生,约占学生总数的三分之一。党及时指示,要把争取和平民主运动同保卫群众切身利益的斗争紧密结合起来。上海市学委决定再次开展大规模的助学运动，成立助学机构，吸取上次助学活动的教训，争取社会的同情，争取合法，放手发动群众，用集体力量，自助自救，抢救失学同学。首先由圣约翰、沪江、大夏等大学和省立上海中学、华模、麦伦中学等共20所学校发起，成立上海学生助学联合会，向社会局登记，同时聘请前代理教育部长、北大教授马叙伦和沈钧儒、黄炎培、周建人、许广平等社会知名人士为顾问，沙千里为法律顾问，立信会计事务所为会计顾问，同时由一些社会贤达组成管理委员会，在浙江兴业、聚兴诚、新华三所银行开户，所有捐款当日交银行。经过放手宣传发动酝酿，参加助学联的学校不久就扩展到98所，吸收越来越多的学生参加劝募小组。2月5日、6日（农历初四、初五）两万多学生走上街头义卖助学章，结果大大超过5000万元预定目标，达到8389万元，共计帮助四千余名学生解决了困难。但国民党当局却命令一些学校开除一些学习优秀、热心助学的学生。中共上海市学委立即组织后援会、家长联合会，通过《大公报》《文汇报》《文萃》等报刊向社会呼吁。各基层学校学生也进行了抗议斗争，迫使有关学校收回了成命。使生活斗争延续为政治斗争，使参加进步活动的原中间、后进同学，看清国民党政府总是站在人民的对立面的本质，不断地提高认识和觉悟。

在广大同学面临失学危机的同时,教师的生活也陷入了严重的困难。大学教授的工资要维持三五口人的生活就很难,中小学教师的收入更低,生活更艰难。1946年3月上海中学教师向教育局呼吁提高待遇,可是被拖了两周仍未解决,全市中学教师进入怠工,继而部分私立大学教授罢教响应。学生对老师的困难深表关心,一些学校的学生发起敬师活动。上海市学委决定,通过助学联建立起的上海学生团体联合会(学团联),在全市开展敬师活动,1946年4月24日、25日96所学校组织了八千多名学生上街义卖敬师章,敬师运动迅速展开。国民党一方面竭力压制敬师运动,有的学校禁止学生外出义卖敬师章,有的学校扣留学生的敬师章,许多学校敬师的公告、宣传品均被撕毁,有些三青团员出面威胁学生。另一方面,国民党当局急忙组织一个尊师运动委员会,由教育局副局长、三青团上海团部总干事李熙谋自任总干事,还请了著名教育家陈鹤琴任副总干事,于4月17日发表告各界书,表示要在两周内募捐20亿巨款救济教师。企图以此来缓和教师情绪,平息怠教、罢教风潮。三青团也想借此改善在广大群众中的形象,由他们所控制的学生总会进行义卖尊师章。可是他们搞了两个星期的尊师运动,到了5月3日仅募得4000元,还不够买一担大米,离20亿的目标差距何止千里。市学委分析了当时的形势,由于敬师运动虽取得一定成绩,但未能取得合法地位,影响了运动的进一步发展。而尊师运动又得不到群众的支持而收效甚微,处于进退维谷的境地。国民党借助陈鹤琴在教育界的威望,要他出任尊师运动委员会副总干事,企图以此扩大尊师运动的影响,压制敬师。如学团联能争取到陈鹤琴的支持,保证尊师的成果不被侵吞,能使教师真正得益,学团联可考虑与教育局、学生总会合作,联合开展尊师运动。如能做到这一点,学团联就可以取得公开合法的条件,放手发动群众,扩大师生统一战线,使尊师运动真正成为广大学生参加、得到社会同情的群众运动,没有必要坚持原来敬师的名称。经过工作,取得陈鹤琴的同意,在他的调解下,经学团联、学生总会、教育局多次商谈,决定将运动名称统一为上海市学生尊师运动,由学团联、学生总会分别发动各校学生,由教育局发函通知各校校长,要求他们支持贯彻。学团联运用这一公开合法的条件,大张旗鼓地推动尊师运动,特别强调发动和团结中间和后进的学生,把他们争取到运动中来。对于那些没有党的力量的学校,由学团联选派一批有一定群众经验的党员和积极分子,以学团联组织员的身份,带着教育局和学团联的介绍信,到各校去联系帮助工作,从中发现培养积极分子,再依靠他们团结更多同学。通过这些工作,学团联联系的学校从 98 所迅速增加到 159 所,影响面达到 200 多所,并为一些学校建立党的力量准备了基础。5 月 27 日—29 日三天,159 所学校,2.5 万余学生,上街义卖尊师谢帖,有的学校自制尊师花、有的自制尊师手帕义卖,有的学校举行万世师表话剧义演,有的爱国工商业者用批发价或削价提供尊师义卖商品等。整个运动集资超过了 10 亿元。劝募结束,各校的捐募账册全部集中,由立信会计学校学生为主建立会计组,逐一核算清楚,再由立信会计事务所审核,在各大报上公布账目,最后由党领导下的上海市中等教育研究会监督,分发给各校的教师,使广大教师真正得益。从敬师到尊师的转变是相当成功的。取得了国民党当局公开承认的合法地位,使这次群众性的自救性的尊师运动,在全市蓬勃展开,把广大中间、后进的学生吸引到运动中来,并使尊师同反内战、争和平的教育联系起来,提高了群众的觉悟,密切了党群关系。为进一步掀起反内战高潮,奠定了更结实的基础。

从助学运动经敬师运动到尊师运动,说明在学生运动第一阶段"准备和积累"的过程中,当进步学生还处于少数、中间和后进的学生占大多数、国民党的反动本质尚未被他们认识的条件下,十分重视把保卫群众的切身利益的斗争与反内战、争和平的运动有机地结合起来,同时灵活掌握斗争策略，争取合法开展活动，不断发动群众，特别是中间后进的群众，不断扩大联系的学校面，尽量争取社会的支持，从中开展宣传教育，揭露国民党的反动面目，提高群众的觉悟，壮大积极分子队伍，为学生运动的深入发展不断夯实了基础。

当全国学生运动向反内战、反饥饿高潮发展的前夕，蒋介石十分紧张，于1947年5月18日召开临时国务会议，颁布《"戡乱"时期维持社会秩序临时办法》，禁止十人以上的请愿和一切罢工、罢课、游行示威。授权各地政府镇压爱国民主运动。上海市学委正副书记交换意见后，副书记吴学谦当晚和国立大学区委分析斗争形势，研究斗争的发展。决定坚持原定的19日欢送上海学生代表去南京参加请愿行动的安排，同时做好敌人阻拦和镇压的准备。19日上午，上海十所国立大专院校，四所私立大专院校的七千多学生，在暨南大学二院集中后到北火车站欢送代表赴南京参加请愿，接着举行了大规模的"反饥饿、反内战"游行示威。国民党出动大批军警多次阻截示威队伍。学生们机智英勇地冲破马队、水龙等的阻拦，在南京路、西藏路、中正东路（今延安东路）、外滩等重要街道上，喊出了"向炮口要饭吃"的吼声，游行队伍还用竹竿吊着两根半油条，上面写着"这就是我们一天的菜金"。学生的控诉和要求，得到各界人民的强烈同情和支持。由于上海反动政府来不及准备，那天的游行没有发生惨案。第二天，上海、杭州、苏州等城市十六所专科以上学校的代表和南京学生共六千多人在南京举行联合大游行，向国民党政府请愿。提出增加学生公费、提高教职员工待遇及提高全国教育经费等五项要求，高呼"反对内战"、"反对饥饿"、"取消《维持社会秩序临时办法》"等口号。当游行队伍到达珠江路口时，遭到国民党军警宪特的毒打和消防水龙的猛冲，当场被殴伤流血的104人，重伤19人，被捕28人，遭受各种袭击的500多人，造成震惊全国的五二〇惨案。同日，天津、唐山学生的"反内战、反饥饿"示威也遭到殴打，多名学生被捕。5月21日，上海立即成立上海学生抗议五二〇惨案后援会，八十多所大中学校相继举行了罢课。《论解放战争时期的第二条战线》一文对"反饥饿、反内战、反迫害运动"已有专门的论述。我觉得5月19日上海学生欢送代表赴南京参加请愿后，接着在上海繁华的街区举行了7000人的游行示威，扩大"反饥饿、反内战"的影响，仍应该加以记述。

在学生运动最基层开展工作的党员和积极分子，十分注意广交朋友，深入谈心。特别注意与中间和后进的同学交朋友，关心他们的生活和苦闷，回答他们的疑问和不满，帮助他们提高认识和觉悟，吸引他们参加进步社团的活动和带动他们参加到他们思想觉悟水平能接受的学生运动中来，特别是当一些广大人民都认为正确的事，如助学、敬师、反对美军暴行、反对美国扶植日本军国主义、拯救教育危机等，为什么总是受到国民党政府的禁止、取缔、镇压？为什么物价不断猛增，日子越来越不好过？为什么国民党要坚持消灭共产党？帮助他们逐步认识国民党反动派的本质，同时帮助他们懂得为什么共产党得到人民的拥护，什么是共产党的主张等。一方面通过学生运动的高潮提高学生的觉悟，一方面依靠平时深入细致的谈心，帮助提高同学的认识和觉悟。对于进步了的积极分子，则要指导他们学习，加深对共产党和新民主主义的理解。共同总结斗争的经验教训，坚定斗争的信心。激发他们的入党要求。这是在基层基础性的工作。关于广交朋友问题，《论解放战争时期第二条战线》引用了"中共中央南方局书记周恩来同志根据党中央的指示精神，结合国民党统治区的具体情况，号召进步青年'勤学、勤业、勤交友'要大家转变作风"的重要指示。文中，在多处都有所涉及，但比较分散，应该单独作为一个重要问题，更可引起重视。

关于解放战争时期国民党统治区学生运动的作用与贡献，毛泽东同志1947年5月30日所写的新华社评作了高度和充分的评价。需要补充的是，上海解放后不久，中央为了防止国民党军队经过休整后,以南方待解放地区为根据地进行反攻。决定解放军二野、三野稍事休整后,即分别向大西南和向福建进军。当时新组建的福建省委的书记张鼎丞和二野政委邓小平在进军前都感到新解放地区缺少干部的问题。经中央和上海市委同意,决定在上海动员知识青年参加中国人民解放军华东服务团(南下服务团)和中国人民解放军西南服务团。6月16日上海市学联召开全市各校临时代表会,动员参加服务团。21日在天蟾舞台举行有八千八百多人参加的南下动员大会,由上海市军管会副主任粟裕和南下服务团团长张鼎丞同志作动员报告。会后,全市各校掀起了报名参加南下服务团和西南服务团的热潮。至6月28日,报名工作告一段落,从八千名报名者中,共录取五千余人,其中南下服务团两千四百人,西南服务团两千六百多人。他们绝大部分都是经过解放前学生运动熏陶的大中学生,其中还有一部分地下党员和学运中的骨干。他们经过短期的抗大式培训后,就分头随军南下和西南下,不少路途需要徒步翻山越岭、涉水过河、夜间行军,沿途还会遇上土匪和国民党的散兵游勇并与之交锋。南下服务团有17位成员在斗争中英勇牺牲;西南服务团有338位成员在工作中英勇献身。西南服务团在途经有些城市时,还就地吸收一些学生,扩大队伍。这两支服务团在接管新解放区建立人民政权、剿匪反霸、土地改革以及各项事业建设中，都发挥了积极作用。许多成员以后成长为当地各条战线的领导骨干。

1950年10月25日，人民志愿军抗美援朝战争打响后，中央人民政府军事委员会和政务院发布《关于招收青年学生、青年工人参加各种军事干校的联合决定》，新民主主义青年团中央和全国学联也于12月2日分别发出告全国青年团员和告全国同学书，号召青年团员和学生们在祖国最需要的时候到祖国最需要的地方去，为祖国和人民建功立业。上海团市委、上海学联也相继发出号召书，并于12月9日一二·九运动十五周年纪念日，在上海跑马厅（今人民广场和人民公园）举行10万学生参加的抗美援朝保家卫国示威大会，在大会上动员参加军事干部学校。到1951年1月5日截止，从两万余报名者中，录取了5158名进入各类军事干部学校。当时带头报名的都是解放前学生运动中的骨干和积极分子。从参加南下服务团、西南服务团到带头参加军事干部学校，应该说都是解放前学生运动结下的果实。所以，第二条战线还为新解放区准备了一批有文化的年轻干部，为新区的稳定和建设以及为部队培养干部做出了贡献。

征引文献

一、报刊征引文献

1. 《周报》第 44 期，1946 年 7 月
2. 《观察》创刊号，1946 年 9 月 1 日
3. 《观察》第 1 卷第 8 期，1946 年 10 月 19 日
4. 《观察》第 1 卷第 9 期，1946 年 10 月 26 日
5. 《观察》第 1 卷第 24 期，1947 年 2 月 8 日
6. 《观察》第 2 卷第 5 期，1947 年 3 月 29 日
7. 《观察》第 2 卷第 14 期，1947 年 5 月 31 日
8. 《观察》第 2 卷第 16 期，1947 年 6 月 14 日
9. 《观察》第 2 卷第 17 期，1947 年 6 月 21 日
10. 《大公报》1946 年 9 月 7 日
11. 《大公报》1947 年 1 月 1 日
12. 《大公报》1947 年 1 月 6 日
13. 《大公报》1947 年 1 月 14 日

14.《大公报》1947 年 2 月 12 日

15.《大公报》1947 年 5 月 6 日

16.《大公报》1947 年 5 月 14 日

17.《大公报》1947 年 5 月 15 日

18.《大公报》1947 年 5 月 17 日

19.《大公报》1947 年 5 月 18 日

20.《大公报》1947 年 5 月 22 日

21.《大公报》1947 年 5 月 29 日

22.《大公报》1947 年 6 月 1 日

23.《大公报》1947 年 6 月 12 日

24.《时与文》创刊号，1947 年 3 月 14 日

25.《时与文》第 8 期，1947 年 5 月 2 日

26.《时与文》第 9 期，1947 年 5 月 9 日

27.《时与文》第 11 期，1947 年 5 月 23 日

28.《时与文》第 13 期，1947 年 5 月 30 日

29.《文汇报》（上海），1947 年 5 月 1 日

30.《青运史研究资料》1980 年第 4 期

31.《中共党史资料》2003 年第 3、4 期

32.《档案春秋》2013 年第 3 期

二、图书等征引文献

1. 李琦涛等：《战斗在第二条战线上》，北京：中国青年出版社，1964年版。

2.《中共中央青年运动文件选编》，北京：中国青年出版社，1988年版。

3. 郑洸主编：《中国青年运动六十年》，北京：中国青年出版社，1992年版。

4. 共青团中央青运史工作指导委员会、中国青少年研究中心、中央档案馆利用部编：《中国青年运动历史资料》第16册，北京：中国青年出版社，2002年版。

5. 共青团中央青运史工作指导委员会、中国青少年研究中心、中央档案馆利用部编：《中国青年运动历史资料》第17册，北京：中国青年出版社，2002年版。

6. 共青团中央青运史工作指导委员会、中国青少年研究中心、中央档案馆利用部编：《中国青年运动历史资料》第18册，北京：中国青年出版社，2002年版。

7. 燕凌、童式一、穆广仁、宋琤编著：《红岩儿女》第二部，北京：中国青年出版社，2005年版。

8. 重庆现代革命史资料丛书编委会编：《回忆南方局》，重庆：重庆出版社，1983年版。

9. 中国第二历史档案馆、中共南京市委党史办公室编:《五二〇运动资料》第1辑,北京:人民出版社,1985年版。

10. 毛泽东:《毛泽东选集》第4卷,北京:人民出版社,1991年版。

11. 许涤新、吴承明主编:《中国资本主义发展史》第3卷,北京:人民出版社,1993年版。

12. 毛泽东:《毛泽东文集》第4卷,北京:人民出版社,1996年版。

13. 《周恩来选集》编委会:《周恩来选集》(上卷),北京:人民出版社,1997年版。

14. 张公权:《中国通货膨胀史(1937—1949年)》,北京:文史资料出版社,1986年版。

15. 帅孟奇主编;《忆钱瑛》,北京:解放军出版社,1986年版。

16. 李维汉:《回忆与研究》(下),北京:中共党史资料出版社,1986年版。

17. 中共云南省委党史资料征集委员会、中共云南师范大学委员会编:《一二·一运动》(中国共产党历史资料丛书),北京:中共党史资料出版社,1988年版。

18. 何廉:《何廉回忆录》,北京:中国文史出版社,1988年版。

19. 寿充一、寿乐英编:《中央银行史话》,北京:中国文史出版社,1987年版。

20. 中国人民政治协商会议北京市委员会文史资料研究委员会编:《北平地下党斗争史料》,北京:北京出版社,1988年版。

21. 共青团中央青运史研究室等编:《解放战争时期学生运动论文集》,上海:同济大学出版社,1988年版。

22. 中共北京市委党史研究室编:《抗议美军驻华暴行运动资料汇编》,北京:北京大学出版社,1989年版。

23. 中共上海市委党史资料征集委员会编:《解放战争时期的中共中央上海局》,上海:学林出版社,1989年版。

24. 中共江苏省委党史工作委员会编:《中共中央南京局》(中国共产党历史资料丛书),北京:中共党史出版社,1990年版。

25. 郑伯克:《白区工作的回顾与探讨》,北京:中共党史出版社,1997年版。

26.《刘晓纪念文集》编辑组编:《肃霜晚天——刘晓纪念文集》,北京:中共党史出版社,2008年版。

27. 张大中:《我经历的北平地下党》,北京:中共党史出版社,2009年版。

28. 华彬清:《五二〇运动史》,南京:南京大学出版社,

1990年版。

29. 中国人民银行总行参事室编:《中华民国货币史资料》第2辑,上海人民出版社,1991年版。

30. 中共上海市委党史资料征集委员会主编:《抗日战争时期上海学生运动史》(中共上海党史资料丛书),上海:上海翻译出版公司,1991年版。

31. 中共上海市委党史资料征集委员会主编:《解放战争时期上海学生运动史》,上海:上海翻译出版公司,1995年版。

32. 北京市档案馆编:《解放战争时期北平学生运动》,北京:光明日报出版社,1991年版。

33. 傅斯年:《傅斯年选集》,天津人民出版社,1996年版。

34. 中共北京市委党史研究室:《解放战争时期第二条战线·学生运动卷》(中册),北京:中共党史出版社,1997年版。

35. 中共北京市委党史研究室:《解放战争时期第二条战线·学生运动卷》(下册),北京:中共党史出版社,1997年版。

36. 陈修良:《陈修良文集》,上海:上海社会科学出版社,1999年版。

37. 袁冬林、袁士杰:《浦熙修记者生涯寻踪》,上海:文汇出版社,2000年版。

38.《中华民国史档案资料汇编》第5辑第3编,政治(一),南京:江苏古籍出版社,2000年版。

39. 胡适:《胡适日记全编》(7),合肥:安徽教育出版社,2001年版。

40. 黄炎培:《黄炎培日记》第9卷,北京:华文出版社,2008年版。

41.《新五月史话》,上海:上海市学生联合会,1947年6月编印。

42.《新华社评论集(1945—1950)》,北京:新华通讯社,1960年7月编印。

43.《新华社社论集(1947—1950)》,北京:新华通讯社,1960年7月编印。

44. 中央档案馆所藏档案(包括会议记录、电报、谈话记录、简报、手稿等)

三、海外征引文献

1.《双城莫德惠自订年谱》,台北:商务印书馆,1968年12月版。

2. 秦孝仪总编纂:《蒋介石大事长编初稿》卷6(下册),台北:国民党中央党史委员会,1978年10月版。

3. 姚崧龄编著:《张公权先生年谱初稿》(下册),台北:传记文学出版社,1982年1月版。

4.《蒋介石思想言论总集》卷 22,台北:中国国民党中央委员会党史委员会,1984 年。

5.《蒋介石思想言论总集》卷 38,台北:中国国民党中央委员会党史委员会,1984 年。

6. 王世杰:《王世杰日记》第 5 册(手稿本),台北:"中研院"近代史研究所,1990 年 3 月影印。

7. 王世杰:《王世杰日记》第 6 册(手稿本),台北:"中研院"近代史研究所,1990 年 3 月影印。

8. 徐永昌:《徐永昌日记》第 8 册(手稿本),台北:"中研院"近代史研究所,1990 年影印。

9. 潘振球主编:《中华民国史事纪要》1947 年 4—6 月,台北:"国史馆",1996 年 6 月版。

10. 陈诚:《陈诚先生回忆录——抗日战争》(上),台北:"国史馆",2004 年。

11. 张发奎:《蒋介石与我》,香港:文化艺术出版社,2008 年。

12. 陈克文:《陈克文日记(1937—1952)》(下册),台北:"中研院"近代史研究所,2012 年。

13. 蒋介石日记(手稿本),现藏美国斯坦福大学胡佛研究所。

14. 李璜:《学钝室回忆录》(下册)增订本,香港:明报月刊社,1982 年 1 月版。